# ELLE EST OÙ, MAMAN ?

www.editions-jclattes.fr

Elizabeth Pantley

# ELLE EST OÙ, MAMAN ?

## Se séparer sans larmes entre 6 mois et 6 ans

*Traduit de l'anglais par Isabelle Crouzet*

JC Lattès

Titre de l'édition originale
THE NO-CRY SEPARATION ANXIETY SOLUTION
publiée par McGraw-Hill

Collection Parent +
dirigée par Isabelle Filliozat

Maquette de couverture : Atelier Didier Thimonier
Illustration : Hélène Crochemore

ISBN : 978-2-7096-4607-9


Première édition septembre 2014.

*David, je te dédie ce livre, pour célébrer l'homme confiant et compétent que tu es devenu. Toutes les mères seraient fières de t'appeler fils. Je suis heureuse d'en avoir le privilège.*

# Sommaire

# Présentation de la collection

Le monde change, les enfants d'aujourd'hui ne vivent plus dans le même environnement que ceux d'hier, tout bouge. Entre laisser-faire et autorité, les comportements des parents oscillent. Cette collection ouvre une troisième voie, celle de la parentalité positive, qui s'attache à construire en positif plutôt qu'à répondre à ce qui est négatif. Elle s'intéresse aux causes plutôt qu'aux seuls effets, elle travaille en amont pour éviter l'apparition d'attitudes de blocage plutôt que tenter de les réprimer ou de les punir. Elle n'a pas pour but de « redresser » les comportements des enfants, mais d'améliorer la vie en commun de manière à ce que chacun soit plus heureux. La parentalité positive pense en termes de besoins, d'étape de développement, de maturation du cerveau, d'enseignement, de coaching et non en termes de caprices, de limites, de rapports de force et de domination.

En France, la théorie psychanalytique est encore la référence presque absolue. L'enfant y est vu comme animé de pulsions à contenir pour qu'il devienne un être social.

Ses comportements sont perçus comme mus par le seul principe de plaisir auquel les adultes doivent opposer le principe de réalité. Dans ce modèle, le rôle du parent est donc logiquement de poser des limites aux désirs, à ce qui est interprété comme un caprice et à la toute-puissance de l'enfant. Une telle vision de la relation ne peut qu'engendrer nombre de conflits qui épuisent tant les parents que les enfants et altèrent la relation. Nombre de comportements sont vus comme des manifestations d'opposition aux exigences parentales ou sont interprétés comme des tentatives de manipulation. Dans ce paradigme, il est logique que le parent cherche à contrôler toujours plus, à mettre des limites et à cadrer. S'il n'est pas autoritaire, il est vu comme laxiste. Il « laisse tout faire ». Mais qui a dit qu'on ne pouvait changer de paradigme ?

John Bowlby (1907-1990), pédopsychiatre et psychanalyste anglais, n'arrivait pas à se satisfaire de cette approche. S'intéressant à la discipline scientifique naissante qu'était l'éthologie, il y a découvert l'empreinte et le besoin d'attachement. Au cours des années 1950, il a énoncé la théorie de l'attachement, s'opposant radicalement à la théorie psychanalytique des pulsions. L'enfant n'existe pas seul, il est un être de relation, un être social dès sa naissance. L'attachement se construit dans l'interaction entre le nourrisson et la personne qui s'occupe de lui. Les comportements de l'enfant, même et surtout les plus difficiles, ne cherchent pas à manipuler le parent, mais ont des causes. Ils expriment ses besoins, notamment d'attachement. Le rôle du parent est d'identifier ces besoins et de les nourrir.

Face aux comportements excessifs ou désagréables de nos enfants, la plupart des parents actuels se disent « elle me fait un caprice », « il est jaloux », « elle cherche l'attention », « il me teste », et réagissent en conséquence. Cette vision de l'enfant qui le et nous place dans un rapport de force permanent est issue de la théorie psychanalytique des pulsions.

La collection Parent +, résolument ancrée dans le paradigme de l'attachement, a pour but de présenter des informations sur le cerveau en développement, différentes approches de parentalité positive et surtout des outils concrets pour le quotidien. Car nous manquons à ce jour de pratiques concrètes de parentalité positive. Aimer son enfant est nécessaire, certes, mais pas suffisant pour faire face aux situations les plus banales du quotidien. Nous avons besoin d'idées, d'outils, d'exemples, pour nourrir nos attitudes parentales. Les modèles du passé ne nous conviennent plus, mais les alternatives sont peu développées. C'est une chose de dire qu'on ne tape plus, qu'on ne fait plus peur ni honte à nos enfants, mais alors que faire ? Que dire ? Comment agir face à leurs comportements inacceptables ? Nous le constatons tous les jours, crier et punir est inefficace. La preuve ? Il faut toujours recommencer. Comment faire autrement ? Nombreux sont les adultes qui pensent que, s'ils ne giflent, ne menacent, ni ne punissent, ils devront tout accepter, tous les comportements, toutes les demandes et toutes les réactions émotionnelles et qu'ils devront passer leur temps à expliquer le pourquoi du comment à leur gamin. Le parentage positif ne consiste ni à donner des récompenses ni à expliquer en permanence, mais à développer de nouvelles attitudes parentales, pédagogiques et efficaces. Le plus souvent, chacun d'entre nous se dira « Bon sang mais c'est bien sûr ! Pourquoi n'y ai-je pas songé plus tôt ? ». Nous n'y avons pas pensé parce que notre vision était inscrite dans un paradigme qui ne nous le permettait pas. D'autres, ailleurs, y ont pensé, ont expérimenté et ont écrit des livres que j'ai eu envie de présenter au public français.

Nous avons besoin d'un autre regard sur nos enfants et les motivations de leurs comportements pour accomplir le rêve de tout parent : leur donner les fondations de leur sécurité intérieure, les accompagner dans l'intégration de leur confiance en leur personne propre comme en leurs compétences, pour qu'ils réussissent à l'école et deviennent plus tard des adultes autonomes, intelligents, responsables et empathiques. Nous avons aussi besoin d'idées, d'exemples, d'astuces, de techniques simples et rapides pour qu'ils mettent leur casquette au soleil ou leurs bottes quand il pleut sans que cela fasse problème, pour partir à l'école à l'heure et sans stress, pour que les repas soient des moments agréables de partage, pour que le square ne soit pas une angoisse, pour qu'elle nous donne la main pour traverser la rue sans chercher à s'échapper, pour qu'il cesse de se chamailler avec sa sœur, pour qu'elle aille faire pipi aux toilettes et qu'il se lave, pour un coucher avec histoire mais sans histoires... Bref, pour un quotidien moins prise de tête, plus gai, plus libre, plus heureux. Ici, Elizabeth Pantley explore l'angoisse de séparation et nous propose mille petites idées pour y remédier.

I.F.

# Introduction

Je suis mère de quatre enfants. L'anxiété de chacun d'eux lors de nos séparations m'a donné du fil à retordre. Bébé, Angela, ma fille aînée, était un vrai pot de colle. Affectés par l'intensité de ses chagrins, nous avons attendu ses dix mois avant de faire venir notre première baby-sitter. Quand ce grand jour est arrivé, nos adieux ont été déchirants. Je revois la petite bouille de ma fille pressée contre la vitre, les mains de part et d'autre de ses joues ruisselantes de larmes. Quand notre voiture s'est éloignée, mon cœur a explosé en mille morceaux. Comment apprécier notre escapade ? Une heure plus tard, la baby-sitter nous appelait au restaurant et nous demandait de rentrer : Angela ne cessait pas de sangloter et évitait tout contact avec elle. Aucun jouet, livre ou sucrerie ne la calmait. Elle n'en finissait pas de pleurer. Alors nous sommes retournés à la maison. Angela s'est précipitée dans mes bras et s'est accrochée à moi comme si sa vie en dépendait. Pour nous comme pour elle, la soirée avait été difficile. Par la suite, pendant de nombreux mois, toutes nos sorties au restaurant se sont faites à trois.

Ma seconde fille s'appelle Vanessa. À trois ans, nous l'avons inscrite en maternelle. Chaque matin d'école, sans exception, elle nous faisait clairement comprendre qu'elle ne voulait pas y aller. Une fois habillée par mes soins, elle se cachait derrière le canapé, en larmes, et se déshabillait, tout en demandant de rester à la maison. Dans la voiture, elle retirait ses chaussures et ses chaussettes, sa façon de me dire qu'elle n'avait pas l'intention de quitter le véhicule à l'arrivée à l'école! Je la rechaussais, la portais jusque dans sa salle de classe, où elle s'agrippait à moi et sanglotait, me suppliant de ne pas la laisser. L'institutrice et son assistante étaient gentilles et attentives: «Laissons-lui du temps, me disaient-elles. Cela s'arrangera.» Mais ça ne s'arrangeait pas. Un mois plus tard, nous l'avons désinscrite de la maternelle. Nous avons attendu six mois avant de retenter l'expérience.

Matthew est le fils d'une de mes amies. Quand sa mère le laissait à la crèche pour partir travailler, il faisait des crises de panique. Il s'arrimait fermement à elle et versait des pleurs inconsolables. La puéricultrice desserrait ses petites mains l'une après l'autre puis le retenait dans ses bras pour l'empêcher de suivre sa mère dehors. Il a perdu l'appétit et s'est mis à se réveiller plusieurs fois par nuit. Mon amie n'a pas supporté cette situation et a complètement réorganisé sa vie pour éviter d'avoir à le confier à quelqu'un. Pour le garder à ses côtés, elle a démissionné et s'est installée comme assistante maternelle à domicile.

Le bonheur pour le petit, le surmenage et la frustration pour elle.

Un jour, j'ai reçu une lettre d'une de mes lectrices, Cynthia. Elle m'adressait un appel au secours à cause de l'anxiété de séparation de sa fille, Anna, et de sa propre anxiété. Cynthia n'avait jamais laissé Anna à une baby-sitter, à une amie, à la halte-garderie, ni même à ses parents. Elle avouait que laisser la petite avec son père, un père merveilleux, tout à fait compétent, la rendait tellement physiquement malade d'inquiétude qu'elle s'éloignait le moins longtemps possible. Anna et Cynthia souffraient toutes les deux d'une forte anxiété de séparation. À l'approche du troisième anniversaire de sa fille, Cynthia se sentait préoccupée, asphyxiée par leur incapacité à se séparer.

Coleton, mon plus jeune fils, a lui aussi traversé un passage difficile lors de son entrée en maternelle. Pendant tout son premier mois d'école, chaque matin, il s'est plaint d'avoir mal au ventre et ne quittait la voiture qu'à grand renfort de cajoleries, les poches bourrées de mouchoirs pour essuyer ses larmes. Je marchais avec lui jusqu'à sa salle de classe, l'installais à son bureau puis lui murmurais, non sans désespoir, quelques mots doux et promesses avant de partir. Quoi que je dise, quoi que je fasse, si jamais je regardais derrière moi en sortant, j'apercevais ses yeux remplis de chagrin, son visage accablé de douleur. Son instituteur me soutenait qu'après mon départ, il allait bien, mais mon estomac se nouait malgré tout lors de cette débâcle matinale rituelle.

Chère lectrice, cher lecteur, chers amis, je sais ce que nous traversons quand notre enfant souffre d'anxiété de séparation. Je suis passée par là, moi aussi.

Quelques notes d'espoir: voici des nouvelles des enfants dont je viens de parler. Ma fille aînée, Angela, a fini par accepter les baby-sitters avec qui elle a vécu d'excellents moments. Aujourd'hui, elle habite sur le campus de son université et est devenue la baby-sitter des filles d'un de ses professeurs. Vanessa a réussi à s'intégrer à la maternelle, à aimer ses instituteurs, à se faire un paquet d'amis et à s'épanouir. En ce moment, étudiante, elle est aussi responsable des affaires législatives pour son université ce qui l'amène à voyager souvent.

La mère de Matthew a mis en pratique différentes idées présentées dans ce livre et a finalement repris un travail de bureau. Matthew a remarquablement bien vécu le changement et la crèche est devenue comme un second chez lui, un lieu de réjouissances. À trois ans et demi, Anna passe désormais une soirée par semaine avec un baby-sitter tandis que Cynthia et son mari s'offrent un tête-à-tête. Elle court vers la halte-garderie deux fois par semaine et retrouve régulièrement ses grands-parents pour de nombreuses sorties. Libérées de leur anxiété, Anna et Cynthia apprécient leur temps chacune de leur côté autant que celui où elles sont ensemble.

À l'époque des difficultés de mon petit Coleton en maternelle, j'avais déjà écrit huit livres sur la parentalité et rassemblé une armée de parents testeurs partout dans le monde. Alors, avec mes compétences de recherche et l'aide de mes contacts, je me suis attelée au problème de mon fils. J'ai mis au point les solutions présentées ici, y compris celle du Bracelet Magique, que nous découvrirons au chapitre 3. Le bracelet de Coleton a fonctionné à merveille pour nous, agissant sur lui tel un charme. L'enfant a rejoint les bancs de la maternelle avec joie. Il est aujourd'hui heureux en CE2, confiant, bien adapté. Il aime l'école ! Au moment où j'écris ces lignes, il passe la nuit chez un copain.

L'anxiété de séparation s'insinue dans la vie des enfants, quelle que soit la durée de l'éloignement des parents. Ses déclencheurs sont multiples. Le nourrisson pleure lorsque ses parents le placent entre les bras attentionnés d'un membre de la famille. Le bébé s'assied devant la porte de la salle de bains pendant que sa maman essaie de prendre une douche. Plus âgé, il fond en larmes dans les bras de sa nounou quand ses parents vont travailler, ou il souffre de l'absence de l'un d'eux parti en voyage d'affaires, ou il tente de s'adapter à leur divorce. Dans ce dernier cas, il est en permanence séparé de l'un ou l'autre de ses parents. Parfois, c'est l'enfant qui s'en va : pour un séjour à l'hôpital, une classe verte ou une colonie de vacances. Et n'oublions pas ces batailles menées le soir par tous les parents du monde, quand ils s'efforcent de persuader leur enfant anxieux de dormir toute une nuit seul dans sa chambre, seul dans son lit.

Ce livre est celui que j'aurais aimé avoir sous la main au début de ma carrière de parent, pour m'aider lorsque l'un de mes quatre enfants souffrait d'anxiété de séparation et lorsque j'en ressentais moi-même les symptômes, quand je les accompagnais étape par étape au fur et à mesure de leur croissance. Je suis très heureuse de proposer ici toutes ces solutions efficaces et sans larmes afin que parents et enfants puissent se séparer sur un au revoir, un geste tendre, un sourire.

# 1. Tout savoir sur l'anxiété de séparation des enfants

**Anxiété de séparation :** peur ou appréhension éprouvée par un enfant lorsqu'il est séparé d'un de ses parents ou de toute autre personne signifiante.
*Dictionnaire médical Stedman's*[1].

L'amour nourrit l'anxiété de séparation. Voilà pourquoi elle requiert respect et attention. Ses multiples manifestations perturbent notre quotidien, assombrissent les plaisirs et les joies de la prime enfance, soutirent bien des larmes aux enfants et contrarient leur entourage. Afin de résoudre les difficultés qu'elle soulève, cette émotion complexe demande à être interprétée avec compréhension et délicatesse.

Quand nous prenons notre bébé dans les bras pour la première fois, nous ne le connaissons pas, mais nous

1. Source *Stedman's Medical Dictionary*, éd. Lippincott Williams & Wilkins, USA. Toutes les notes de ce livre sont de la traductrice.

l'aimons. Il ne nous connaît pas, mais son instinct lui souffle que nous sommes signifiants. À compter de cette rencontre, chacune de nos actions, chacun de nos mots, nous rapproche l'un de l'autre. Notre lien se construit avec le temps, notre amour mûrit, nous devenons importants l'un pour l'autre. Ce lien agit comme une sorte de colle ; plus nous restons l'un contre l'autre, plus la prise est forte. Au début de notre relation avec nos enfants, nous sommes attentifs à un tel attachement. Nous ressentons une joie sans pareille lorsqu'ils nous récompensent par un sourire sans quenottes rien que pour nous, une course vers nos bras grands ouverts, un câlin spontané, un fou rire plein de soleil déclenché par une blague que nous seuls pouvons comprendre… Voilà les gratifications d'une relation bien nourrie.

Les enfants s'imprègnent de ce lien en toute confiance et innocence, car notre présence est aussi naturelle dans leur vie que l'air qu'ils respirent. Elle représente leur normalité, leur sécurité : si nous sommes là, tout va bien.

Que se passe-t-il lorsque ce filet de sécurité disparaît ? Quand un parent s'éloigne de son enfant et le laisse avec quelqu'un de moins familier ? Le petit éprouve une gêne, un manque, une inquiétude, et s'accroche avec acharnement à la personne avec laquelle il se sent en paix. La scène est archi-classique : à la crèche, au square, pendant une réunion de famille, un anniversaire, un gamin en larmes s'agrippe à un parent qui essaye désespérément de le détacher et de le convaincre d'aller s'amuser.

Presque tous les enfants passent par une forme ou une autre d'anxiété de séparation au cours de leurs six premières années. C'est une réponse complètement normale et prévisible à toute menace de disparition de ce qui compte le plus pour eux : nous, leurs parents.

L'idée d'avoir à gérer l'anxiété de séparation de nos enfants peut engendrer chez nous confusion et énervement. Pour autant, elle n'est ni à craindre ni à conjurer, tant elle est la preuve éclatante de leur amour et de leur confiance en nous. C'est l'indicateur par excellence de leur foi en ce que nous représentons pour eux : le top du monde de la sécurité et de la protection.

---

**Point clé**
Du point de vue de notre enfant, nous sommes un super-héros.

---

## La raison d'être de l'anxiété de séparation

Il est tout à fait naturel qu'un enfant éprouve de l'anxiété lorsqu'il est séparé de sa figure principale d'attachement, et cela dépasse la question de l'amour.

Les humains sont précâblés pour réagir à la peur, à la perception d'un danger ou au stress, par une réaction de lutte ou de fuite. Le tout-petit ne peut ni fuir ni se défendre seul. Il est contraint de s'appuyer sur des adultes de confiance pour assurer sa protection face aux aléas.

Les réactions de fuite ou de lutte sont donc remplacées par un besoin intense de garder auprès de lui Maman, Papa ou toute autre figure d'attachement. Cette impulsion instinctive à se rapprocher de nous montre combien l'enfant nous perçoit comme un rempart contre toute menace à sa sécurité tant physique qu'émotionnelle. Plus il éprouve de stress ou d'inquiétude, plus il souhaite rester proche de nous. Il manifeste ce besoin de manière particulièrement évidente quand il est placé dans les bras d'un étranger, confronté à la nouveauté, ou s'il est fatigué ou malade.

Au fur et à mesure qu'il grandit, l'enfant apprend de ses expériences. Après avoir vécu de multiples séparations heureuses et sans danger, suivies d'autant de joyeuses retrouvailles, il finit par comprendre qu'il peut lâcher l'ancre « Maman » ou « Papa » et s'aventurer de plus en plus loin sans risque. Cette maturité ne s'enseigne ni ne peut être accélérée. Elle se développe au fil du temps avec l'âge et l'expérience.

---

**La parole aux professionnels**

On ne comprend vraiment la nature humaine que lorsque l'on sait pourquoi, à chaque tour de manège, un enfant fera un signe de la main à ses parents. Et pourquoi, à chaque fois, sans exception, ses parents lui répondront par un signe, eux aussi.

William D. Tammeus, journaliste, prix Pulitzer.

---

## Qu'est-ce qui déclenche l'anxiété de séparation ?

L'anxiété de séparation n'a pas de « cause » précise. Elle révèle que notre enfant a atteint une nouvelle étape de son développement émotionnel et mental, étape parfaitement normale et importante. Nous n'avons rien « fait » pour provoquer l'anxiété de séparation de notre enfant, et nous n'aurions rien pu faire pour empêcher son apparition.

Cela dit, certaines de nos actions peuvent augmenter ou réduire l'anxiété normale d'un enfant. Nous pouvons faire beaucoup pour l'aider à prendre de plus en plus confiance en son monde et en notre lien, de manière à ce qu'il transfère ensuite ce sentiment sur d'autres adultes et trouve de la sécurité auprès d'eux, loin de nous et de son foyer.

---

**La parole aux professionnels**

Bizarrement, la majorité des peurs liées à une séparation surgissent sans événement déclencheur particulier. N'oublions pas : il n'est pas nécessaire que quelque chose de grave arrive à un enfant ou à sa famille pour que l'anxiété de séparation s'installe.

Andrew R. Eisen et Linda Engler, auteurs américains d'un livre sur l'anxiété de séparation[1].

---

1. Andrew R. Eisen, PhD, et Linda B. Engler, PhD, *Aider votre enfant à surmonter son anxiété de séparation ou sa phobie scolaire* (Hel-

Presque tous les enfants traverseront une forme d'anxiété de séparation à un moment ou à un autre de leur vie. Certains commencent cette phase très tôt, à quelques mois seulement. D'autres paraissent épargnés, jusqu'au jour où ils en éprouvent les effets, plus tard dans la vie. L'anxiété des uns ne dure qu'un bref instant et disparaît en un clin d'œil, sans effort particulier. Celle des autres s'installe, semble s'intensifier jusqu'à un paroxysme, puis s'estompe, pour refaire surface plus tard. Certains enfants donnent des signes très clairs, forts, ou évidents. Chez d'autres, les réactions sont moins visibles. Si le schéma unique n'existe pas, chaque âge présente ses symptômes typiques.

L'anxiété de séparation indique que notre enfant se développe intellectuellement. Il a désormais conscience d'avoir un impact sur son univers s'il exprime ses besoins. Si une situation le rend nerveux ou inconfortable, il sait qu'il n'est pas obligé de l'accepter passivement. Sa compréhension du monde est encore partielle et il n'a pas intégré l'idée que, lorsque nous le laissons, nous reviendrons toujours le chercher, ou que d'autres adultes sont capables, comme nous, de répondre à ses besoins. En revanche, il a bien observé ceci : nous nous occupons de lui le mieux, nous lui procurons le plus de bonheur, il se sent le plus en sécurité avec nous. Il se sépare donc de nous à contrecœur. Dans le contexte de sa survie, c'est

---

*ping Your Child Overcome Separation Anxiety or School Refusal)*, non traduit en français, éd. New Harbinger Publications (2006).

naturel : son attachement à nous est son moyen de survivre. Nous sommes sa source d'approvisionnement en nourriture à la fois terrestre et affective. Lorsqu'il atteint un certain stade de maturité intellectuelle, il le sait.

Cette phase de l'enfance, comme tant d'autres, passera. Avec le temps, notre tout-petit apprendra qu'il peut se séparer de nous, que nous reviendrons à coup sûr, et que tout ira bien dans l'intervalle.

## Quels sont les facteurs influant sur le niveau d'anxiété de séparation ?

Même si la plupart des enfants donnent des signes d'anxiété de séparation à un moment ou à un autre, nous ne pouvons pas prédire quand ni comment cela se produira pour le nôtre. Le déclenchement et l'intensité des symptômes varient en fonction d'un certain nombre de facteurs :

- La disponibilité régulière d'une figure d'attachement secondaire avec laquelle une enfant a pu développer une relation d'intimité et de tendresse.
- Sa familiarisation avec le lieu et le cadre dans lesquels nous la laissons.
- Le nombre et la qualité des expériences précédentes de séparation.
- La norme culturelle (ce qui est fait typiquement dans la société dans laquelle elle vit).

- Les routines familiales (ce qui est normal chez elle et dans sa famille élargie).
- Son tempérament, sa personnalité.
- Notre personnalité et notre style parental.

## Qu'est-ce que la peur de l'étranger ?

La peur de l'étranger est une forme d'anxiété de séparation liée aux personnes et non aux lieux ou circonstances. Elle exprime une émotion proche : les figures d'attachement incarnent la sécurité de l'enfant, tandis que toute personne étrangère éveille une peur de l'inconnu. Cette crainte est générée par son incapacité à prédire les actes de cet étranger : que va faire ou dire cet inconnu ? Quelle est sa place dans mon monde ? Me prendra-t-il à mes parents ? Peut-il s'occuper de moi ? Serai-je en danger avec lui ? Saura-t-il me garder en sécurité ?

Depuis sa naissance, notre bébé est expressif et sourit à tout le monde. Quelques mois passent. Soudain, il change de réaction en présence de nouvelles personnes. Il s'accroche à nous et pleure dès qu'un étranger lui dit un petit bonjour ! Qu'arrive-t-il à notre bébé plein d'assurance ? Il a franchi une étape importante de sa croissance. Il nous montre que nous nous sommes bien occupés de lui. Sa peur de l'étranger témoigne de la force de son attachement envers nous.

### *À quel âge la peur de l'étranger apparaît-elle normalement ?*

L'attachement et le lien, les deux composants clés de l'anxiété de séparation et de la peur de l'étranger, se développent dès la naissance. À sa naissance, un bébé ne comprend rien aux gens. Entre deux et six mois, il apprend comment ceux-ci fonctionnent. Il constate que tout le monde répond globalement à ses besoins et lui donne de quoi survivre et grandir. Entre son cinquième et son neuvième mois, parfois plus tôt, il commence à différencier clairement les personnes familières de toutes les autres… qui deviennent des étrangers. La réaction des bébés face à cette révélation varie. Certains affichent leur curiosité, d'autres leur prudence, et d'autres encore exprimeront leur aversion totale pour toute personne n'appartenant pas à leur cercle familial intime. Toutes ces réactions sont normales, ainsi que toute la gamme des variations entre ces extrêmes.

### *Combien de temps dure la peur de l'étranger ?*

De nombreux professionnels estiment que la peur de l'étranger atteint son plus haut niveau entre douze et dix-huit mois, puis décroît progressivement jusqu'à sa disparition complète. Cependant, sur la base de mes propres observations, je pense qu'elle s'évapore rarement si tôt, ou si facilement. Les enfants traversent fréquemment des phases d'anxiété de séparation ou de peur de l'étranger jusqu'à l'âge de sept ou huit ans. Ils ne passent pas de la peur de l'étranger à la sociabilité en une nuit : c'est un processus.

Notre enfant nous semble peut-être imprévisible et lunatique : parfois, il accepte une nouvelle personne comme amie potentielle, parfois il se cache le visage dans le creux de notre cou si on lui adresse la parole, parfois il fond en larmes dès que quelqu'un le prend dans ses bras ou le touche. Avec le temps, il apprendra que parler à de nouvelles personnes est une aventure sans danger, la plupart du temps amusante, et il sera content d'aller à la rencontre de l'autre. Rappelons-nous : cette transition demande plus de temps pour certains enfants que pour d'autres et notre patience est primordiale pendant qu'il traverse cette phase de sa vie.

### *Que faire pour aider mon bébé à traverser cette phase de son développement ?*

Nous l'avons vu, la peur de l'étranger est normale et saine. Malgré tout, si elle s'installe dans la durée, il est utile d'accompagner notre enfant dans cette étape. La vie est plus drôle s'il apprend à se sentir à l'aise en présence de nouvelles personnes. Nous pouvons commencer par l'aider à modifier sa façon de penser. Par exemple en lui décrivant la séparation non pas comme un éloignement de nous, mais comme un rapprochement vers d'autres êtres humains.

Il est parfois difficile de faire la différence entre l'anxiété de séparation et la peur de l'étranger, tant elles sont proches. La plupart des solutions listées ici nous aideront dans un cas comme dans l'autre.

## Comment savoir si mon enfant ressent de l'anxiété de séparation ?

Malgré la variété des symptômes de l'anxiété de séparation, les parents la détectent souvent facilement. Voici les comportements les plus fréquemment listés pour identifier une anxiété normale :

- L'enfant colle aux jambes.
- Pleure lorsqu'un des parents est hors de vue.
- Préfère fortement l'un de ses parents, devant tout autre être humain.
- A peur des étrangers ou des personnes de la famille et des amis qu'il ne voit pas souvent.
- Résiste à la séparation au moment du coucher du soir ou de la sieste.
- Se réveille la nuit en pleurant et en appelant un parent.
- Régresse à une étape précédente de son développement (recommence à sucer son pouce, à faire pipi au lit, à parler comme un bébé).
- Ne montre plus aucune anxiété immédiatement après l'apparition d'un parent.

---

**La parole aux pères**

Je m'inquiétais vraiment pour notre fils. Il collait sa mère sans arrêt. Si elle sortait de la pièce, il se mettait à

geindre puis à crier comme si elle avait quitté le pays. Quand j'en ai parlé à d'autres pères lors d'un match de baseball de ma fille aînée, ils m'ont raconté que leurs enfants avaient tous fait ça à un moment ou à un autre. Depuis que je sais que c'est normal, le comportement de mon fils ne me fait plus peur.
Adam, père de Seth, un an, et de Claire, six ans.

---

Les enfants ont des personnalités uniques, mais ils se ressemblent souvent de bien des manières lorsqu'il s'agit d'exprimer leur anxiété. J'ai interrogé mon groupe de 246 parents testeurs pour en savoir plus sur les symptômes observés. Le tableau suivant résume leurs réponses.

**Les signes, symptômes et comportements, de l'anxiété de séparation***

| Symptômes/ signes | Âge | Observé régulièrement | Observé parfois | Jamais observé** | Total des observations pour ce signe |
|---|---|---|---|---|---|
| Pleure quand un parent quitte la pièce | 6 – 11 mois | 25 % | 38 % | 12 % | 63 % |
| | 12 mois – 2 ans | 5 % | 21 % | | 26 % |
| | 2 – 3 ans | 3 % | 11 % | | 14 % |
| | 3 – 5 ans | 2 % | 5 % | | 7 % |
| Pleure quand un parent quitte la maison | 6 – 11 mois | 33 % | 18 % | 18 % | 51 % |
| | 12 mois – 2 ans | 11 % | 27 % | | 38 % |
| | 2 – 3 ans | 5 % | 11 % | | 16 % |
| | 3 – 5 ans | 2 % | 6 % | | 8 % |
| Colle à son parent | 6 – 11 mois | 33 % | 22 % | 9 % | 55 % |
| | 12 mois – 2 ans | 8 % | 20 % | | 28 % |
| | 2 – 3 ans | 5 % | 10 % | | 15 % |
| | 3 – 5 ans | 3 % | 7 % | | 10 % |

| Symptômes/ signes | Âge | Observé régulièrement | Observé parfois | Jamais observé** | Total des observations pour ce signe |
|---|---|---|---|---|---|
| Suit son parent de pièce en pièce | 6 – 11 mois | 28 % | 19 % | 9 % | 47 % |
| | 12 mois – 2 ans | 7 % | 22 % | | 29 % |
| | 2 – 3 ans | 5 % | 9 % | | 14 % |
| | 3 – 5 ans | 4 % | 4 % | | 8 % |
| A peur des étrangers | 6 – 11 mois | 13 % | 21 % | 56 % | 34 % |
| | 12 mois – 2 ans | 8 % | 10 % | | 18 % |
| | 2 – 3 ans | 6 % | 9 % | | 15 % |
| | 3 – 5 ans | 2 % | 6 % | | 8 % |
| Est timide en présence d'étrangers | 6 – 11 mois | 31 % | 20 % | 15 % | 51 % |
| | 12 mois – 2 ans | 7 % | 19 % | | 26 % |
| | 2 – 3 ans | 7 % | 14 % | | 21 % |
| | 3 – 5 ans | 6 % | 12 % | | 18 % |
| Préfère sa mère à toute autre personne | 6 – 11 mois | 52 % | 21 % | 13 % | 73 % |
| | 12 mois – 2 ans | 16 % | 10 % | | 26 % |
| | 2 – 3 ans | 11 % | 8 % | | 19 % |
| | 3 – 5 ans | 4 % | 9 % | | 13 % |
| Refuse de s'endormir si un parent n'est pas présent | 6 – 11 mois | 53 % | 19 % | 24 % | 72 % |
| | 12 mois – 2 ans | 18 % | 31 % | | 49 % |
| | 2 – 3 ans | 17 % | 21 % | | 38 % |
| | 3 – 5 ans | 9 % | 16 % | | 25 % |
| Refuse de s'éloigner de son parent sur une aire de jeu, dans un lieu public, ou chez un copain | 6 – 11 mois | 12 % | 14 % | 59 % | 26 % |
| | 12 mois – 2 ans | 9 % | 19 % | | 28 % |
| | 2 – 3 ans | 5 % | 11 % | | 16 % |
| | 3 – 5 ans | 3 % | 9 % | | 12 % |

* Sur la base des parents du groupe test ayant répondu au questionnaire.

** Tous groupes d'âge confondus.

J'ai demandé aux parents du groupe test de sélectionner des mots décrivant leurs propres émotions face à l'anxiété de séparation de leur enfant. Les pourcentages suivants expriment la proportion de parents ayant choisi chaque mot :

| Mot proposé | % des parents ayant ressenti cette émotion |
|---|---|
| Contrariété | 90 % |
| Tristesse | 70 % |
| Compassion | 70 % |
| Perplexité | 60 % |
| Faible inquiétude | 60 % |
| Forte inquiétude | 50 % |
| Colère | 40 % |
| Honte | 30 % |
| Agacement | 20 % |
| Résignation | 15 % |

## L'anxiété de séparation fluctue avec le temps

L'anxiété de séparation ne commence pas et ne se termine pas à un instant précis. Elle ne se développe pas de manière prévisible, avec des étapes repérables. Elle augmente, elle diminue – selon les bons ou les mauvais jours, les bonnes ou les mauvaises semaines. Après plusieurs bonnes années, elle peut réapparaître pendant plusieurs semaines. Même si elle est reconnaissable à certaines réactions, à certains symptômes typiques, elle surgit à différents moments pour chaque enfant.

Les transformations successives d'un enfant, plusieurs fois au cours de sa croissance, déboussolent les parents : leur petit est tour à tour sûr de lui, puis anxieux, puis de nouveau plein d'assurance. Or ces comportements imprévisibles sont tout à fait normaux. Gagner la maturité et les compétences nécessaires pour traverser avec confiance les séparations est un processus, et non un événement singulier.

---

**La parole aux professionnels**
Lorsqu'un enfant en âge d'aller à la maternelle refuse de se séparer d'un parent ou d'un adulte qu'il aime, c'est bon signe : des liens solides se sont forgés. D'après de nombreux experts, cet attachement est un prérequis pour que l'enfant soit doté d'une personnalité saine et s'épanouisse à l'âge adulte.
The National Parent Information Network[1].

---

## Est-ce un problème si mon enfant ne souffre pas d'anxiété de séparation ?

Certains enfants semblent apprendre très tôt que n'importe quel adulte peut leur fournir la sécurité dont ils ont besoin. Ces enfants font preuve d'une souplesse

1. Réseau national américain de soutien aux parents et aux écoles.

remarquable et n'ont aucun problème d'anxiété de séparation. Ils s'adaptent sans effort d'une expérience à une autre et se font des amis de tous âges facilement. Le plus difficile est d'enseigner à ces petits intrépides qu'un étranger peut représenter un danger, afin d'éviter qu'ils repartent de l'aire de jeu ou du supermarché main dans la main avec un inconnu d'un abord sympathique.

D'autres enfants ne donnent aucun signe extérieur d'anxiété de séparation même s'ils en ressentent les effets. Un enfant en larmes accroché aux jupes de sa maman peut provoquer frustration et énervement. Celui qui souffre en silence pose lui aussi un réel défi, car son anxiété couve à feu doux, d'une manière plus difficile à repérer.

Face à une nouvelle situation, presque tous les enfants éprouvent de l'anxiété, tout comme un adulte sera anxieux le jour où il se présente à son nouveau travail, ou lorsqu'il emménagera dans une nouvelle ville. C'est pourquoi même les petits qui semblent ne pas en avoir besoin peuvent bénéficier des solutions proposées dans ce livre. Mettre en place une routine spécifique pour les séparations, par exemple, aidera tous les enfants, quel que soit leur niveau d'anxiété.

Dans une famille nombreuse, souvent, les enfants réagissent à la séparation à leur façon, en fonction de leur caractère et de leur personnalité forgée par de multiples influences externes, dont les parents, mais pas seulement : l'un ne ressent pas d'anxiété, un autre en souffre sans symptômes perceptibles tandis que chez le troisième, les signes prolifèrent. Donc, dans ces familles, plusieurs formes d'anxiété s'expriment, avec des degrés d'intensité variables. Voilà pourquoi parents et accompagnants de l'enfant doivent étudier ses besoins particuliers pour lui apporter une aide spécifique.

## Prendre soin de la sécurité affective de notre enfant

Parfois, les parents s'enferment dans leur propre interprétation du comportement de leur petit. Ils constatent une conduite inappropriée : un enfant poussant des cris ou piquant une colère pour une raison ridicule, par exemple la visite d'une grand-mère pourtant affectueuse. Ils ne saisissent pas ce qui se passe vraiment. Pour comprendre la situation, envisageons-la du point de vue de l'enfant :

- Il ne choisit pas d'éprouver son anxiété de séparation.
- Il n'aime pas en ressentir les effets.
- Il préférerait ne pas en avoir.
- Il ne sait pas comment s'en débarrasser.

L'émotion provoquée par l'anxiété de séparation envahit l'enfant sans prévenir et ne s'en va pas facilement. Pour commencer, face à la manifestation de cette émotion, pourquoi ne pas aider notre petit en lui disant que nous le comprenons ? Même s'il pleure, même si sa conduite nous complique la vie, nous pouvons le rassurer en quelques phrases : ses sensations sont normales, nous l'aimons et lui faisons confiance devant cette difficulté.

Parfois, nos mots, nos gestes, révéleront notre contrariété : au fond, c'est compréhensible, nous sommes humains, nous aussi. Nous pouvons nous pardonner, nous concentrer sur un message d'amour, de soutien et d'acceptation des émotions de notre enfant. Cela ne signifie en aucun cas que nous devons laisser son comportement anxieux contrôler notre existence et cela ne doit pas non plus nous empêcher d'encourager notre enfant à nous laisser partir chaque fois que nécessaire. C'est juste une façon de lui montrer notre sensibilité et notre bienveillance à l'égard de son émotion au moment où nous nous apprêtons à nous séparer de lui.

## Si l'anxiété de séparation est une preuve d'amour et de sécurité, dois-je forcer la séparation ?

Les séparations représentent une opportunité de développement, mais elles ne constituent qu'une pièce parmi beaucoup d'autres du gigantesque puzzle de la petite enfance. À elle seule, aucune séparation ne construira ni ne détruira notre enfant. Il ne deviendra pas vulnérable à vie sur la base d'une seule décision spécifique de séparation. Il passera de l'état de nouveau-né dépendant à celui d'adulte autonome et volant de ses propres ailes en traversant de multiples séparations.

Afin d'envisager ou non une séparation, il est important d'en étudier le contexte. À certains moments, forcer la séparation sera contre-productif et ne servira qu'à semer une déferlante de pagaille dans la famille. Mieux vaut attendre des circonstances plus opportunes où la séparation pourra se transformer en une formidable occasion d'apprentissage. En encourageant alors notre enfant avec les mots adéquats et en l'aidant à se sentir en confiance, nous lui offrirons de précieuses leçons de vie. Il apprendra à :

- Contrôler ses émotions dans des circonstances difficiles.
- Gérer ses émotions quand une personne aimée lui manque.
- Se souvenir que les gens l'aiment même quand ils sont absents.
- Penser positivement pour se convaincre d'agir même quand on se fait du souci.
- Traverser des situations peu familières ou inconfortables en dépit de ses émotions ou de ses peurs.
- Utiliser ses succès comme preuves de son aptitude à surmonter ses peurs et avancer.
- S'accepter lui-même comme compagnon dans la solitude.

## Les symptômes de l'anxiété de séparation peuvent cacher autre chose

Certaines circonstances peuvent nous pousser à interpréter les symptômes de notre enfant comme étant de l'anxiété de séparation. S'il rencontre une des situations listées ci-après, ou exprime une des émotions décrites, alors il est possible qu'il n'en souffre pas. Ou alors, peut-être éprouve-t-il à la fois de l'anxiété de séparation et autre chose. Nous seuls sommes en mesure de déterminer l'impact du contexte sur notre enfant. Face au risque de mal interpréter son comportement, gardons l'esprit ouvert et notre jugement sera le bon.

- **Changement de style de vie :** lorsque sa routine est modifiée, l'enfant présente parfois des symptômes semblables à ceux de l'anxiété de séparation, sans en être. Par exemple, tous les enfants exprimant la peur de dormir seul ne souffrent pas d'anxiété de séparation, même si cette peur en est un des signes. Tout simplement, si on demande à un enfant de dormir tout seul alors qu'il passe d'habitude ses nuits avec nous ou avec un de ses frères ou sœurs, il est déstabilisé. Je propose plus d'idées nous permettant de passer d'un sommeil partagé à un sommeil indépendant sur mon site internet (www.nocrysolution.com) ou dans mes autres livres sur le sujet du sommeil[1].

---

1. *Un sommeil paisible et sans pleurs* (*The No-Cry Sleep Solution*), Elizabeth Pantley, éd. AdA (2005).

- **Manque d'expérience :** si un petit ne s'est jamais trouvé seul avec un baby-sitter, n'est jamais allé jouer chez un copain ou s'il a rarement été exposé à de nouvelles personnes, alors ces situations risquent, à juste titre, de le placer dans l'incertitude. Dans ces cas précis, il s'agit davantage d'un manque de familiarité avec les nouvelles circonstances, plutôt que d'une réelle anxiété de séparation. Une phase d'adaptation et de patiente répétition de l'expérience sera nécessaire.
- **Timidité :** si notre enfant de trois ans se blottit contre nous et refuse de dire un « bonjour » poli à notre ami, si notre bambin de deux ans se détourne d'une caissière joviale et ignore l'autocollant gratuit qu'elle lui tend, si notre bébé crie quand une grand-tante qu'il ne connaît pas essaie de le prendre dans ses bras, nous attribuerons peut-être son comportement à de l'anxiété de séparation ou une peur de l'étranger. Pourtant, notre enfant est peut-être tout simplement introverti : il ne se sent pas à l'aise auprès d'inconnus, ou il est juste un peu plus réservé, un peu plus précautionneux dans l'appréciation de la compagnie d'autrui.
- **Peur :** lorsqu'un enfant s'accroche à nous quand nous tentons de le laisser seul dans le noir de sa chambre, ou s'il rechigne à s'éloigner de nous pour monter sur le toboggan de l'aire de jeu et, plus âgé, s'il rejette toute idée d'entrer dans une équipe de

sport ou de partir seul à vélo à l'école, la peur exprimée n'est pas forcément signe d'une anxiété de séparation. Peur du noir, peur des monstres, peur de l'inconnu, peur de se faire mal... toutes ces peurs peuvent nous mener à croire que notre enfant ne veut pas se séparer de nous, alors qu'il sollicite une protection contre ses appréhensions. Cette protection, c'est nous. Nous l'aiderons à surmonter ses peurs en le soutenant dans sa recherche de sécurité quand il s'aventure dans le monde.

- **Inquiétude:** notre enfant a entendu parler d'un crash d'avion? d'une personne portée disparue? d'une guerre ou de tout autre désastre? Il a papoté avec un copain dont les parents viennent de divorcer, ou dont la grand-mère est morte? Assez brutalement, nos absences provoquent une incontrôlable angoisse? Sa solution: ne pas nous lâcher d'une semelle. Dans ce cas, il nous revient de discuter avec notre enfant de ce qui l'inquiète. Nous pouvons lui expliquer ce que nous faisons pour notre propre sécurité, l'autoriser si possible à nous téléphoner, ou à nous envoyer un SMS. Face à notre calme et à nos réassurances, l'anxiété devrait s'estomper.
- **Honte:** notre joyeux bambin nous supplie tout à coup de rester à la maison et de ne plus jamais l'emmener à l'école, alors que jusqu'à présent il se rendait à la maternelle le sourire aux lèvres? Notre fille se cache derrière nous et n'adresse plus la parole à la

bibliothécaire alors qu'elle lui demandait souvent de l'aide pour trouver un livre? Notre aîné de sept ans refuse de répondre au simple « comment ça va » du voisin? La honte ou l'embarras sont peut-être responsables de ces comportements. En questionnant notre enfant sur ce qui l'a rendu aussi mal à l'aise, nous lui permettrons de mettre le doigt sur sa souffrance. Quelqu'un s'est-il moqué de lui? S'est-elle perdue entre la bibliothèque et sa salle de classe? Si nous trouvons l'événement déclencheur du malaise, nous parviendrons à faire la lumière sur l'affaire. Une fois rassuré sur le côté naturel et normal de son vécu, notre petit surmontera son émotion et il tournera la page.

## L'anxiété de séparation est-elle réellement un problème?

À certains moments, la séparation entre l'enfant et ses parents est obligatoire. À d'autres, elle est facultative. Je n'ai jamais lu d'études prônant les éloignements forcés sous prétexte d'offrir des opportunités de développement personnel. Chaque enfant est unique, chaque famille est singulière. Prendre soin de l'anxiété de séparation requiert des décisions sur mesure, spécifiques à l'enfant et à son environnement.

**La parole aux mères**

Je suis institutrice et pendant les vacances j'avais initialement prévu de passer mon temps libre avec mon fils. J'ai finalement suivi les conseils de mes amis, pour qui « j'aurais la chance d'avoir du temps pour moi », et décidé de le laisser à la crèche. Dès le premier jour des vacances, j'ai eu d'énormes difficultés à me séparer de Luke. Je me suis sentie submergée de tristesse et aussi un peu coupable. J'ai réalisé que tout ce que j'avais prévu de faire n'avait pas vraiment de sens. Aucune de mes activités pendant ce « temps libre » ne m'a vraiment fait plaisir. Alors j'ai changé mes plans et je l'ai gardé avec moi. J'ai passé une semaine merveilleuse, et lui aussi. Maintenant, je fais beaucoup plus attention et je ne tiens pas automatiquement compte des conseils que l'on me donne sur ce qui est bon pour nous.

Mère de Luke, trois ans.

Ce livre, comme tous mes autres livres sur la parentalité sans larmes, vise à résoudre nos difficultés, et uniquement ces dernières. Chaque famille approche l'anxiété de séparation différemment. Ce n'est pas parce qu'un chapitre de ce livre aide les parents à faire accepter un baby-sitter à leur enfant que nous devons nous sentir obligés de faire la même chose ! Lorsque nous sortons au restaurant, si emmener notre bébé avec nous ne génère pas de complications, alors tout va très bien ! Ce livre dédie un chapitre entier à l'adaptation des tout-petits à la crèche, mais cela ne signifie en aucun cas que tous les enfants devraient y être gardés. Tout simplement, si, et seulement si, notre petit s'acclimate avec difficulté à ce nouveau mode de garde, et si nous souhaitons l'aider à retrouver le sourire, alors je propose quelques idées en soutien dans ce changement. Et si nous décidons de faire l'impasse sur la crèche pour l'instant et de nous occuper de notre enfant, c'est forcément la meilleure solution pour nous. De nombreux enfants ne mettent jamais les pieds à la crèche, certains ne vont même pas en maternelle. Ces enfants pourront parfaitement s'adapter, s'épanouir et se faire des amis à l'école par la suite. Je suis bien placée pour le savoir, c'est le cas de l'un des miens.

Pour commencer, nous pouvons nous poser les questions suivantes : pourquoi cette difficulté doit-elle être résolue ? Faut-il réellement régler ce problème pour que mon enfant se développe émotionnellement ? Nos choix de vie sont-ils les meilleurs pour tout le monde dans la famille ? Est-ce que j'envisage d'en changer à cause de mes propres souvenirs d'enfance ? En raison de ce que me disent les autres ? Parce que je m'inquiète d'éventuelles complications ? Ou est-ce vraiment parce que la souffrance de mon enfant m'indique que je dois faire quelque chose tout de suite ?

Prendre avis à l'extérieur a ses revers. Dès que nous aurons décidé d'agir et de provoquer une séparation pour aider notre petit à avancer, la population se divisera en deux, avec une moitié des personnes persuadées que nous prenons une mauvaise décision. Quel que soit notre choix pour cette séparation, le centre aéré, un anniversaire chez un autre petit ou la crèche, nous avons le droit de refuser de nous sentir coupable malgré des commentaires du type « la séparation, c'est mauvais pour l'enfant » ou « Égoïste ! » ou « quand on fait un enfant, on s'en occupe ! ». Aider son bout de chou à gagner en autonomie, c'est merveilleux. En prime, sortir au restaurant, retourner à la fac, reprendre le boulot, déjeuner avec des amies, ou juste aller aux toilettes toute seule en laissant son bébé dans les bras d'un autre adulte compétent et affectueux, ça fait du bien. Notre enfant s'épanouira avec autrui. Autre avantage, il apprendra à interagir avec différentes sortes de personnes, en plus de celles qui composent notre famille proche.

En matière de parentalité, les solutions prêtes à l'emploi n'existent pas, y compris pour l'anxiété de séparation. En fonction du contexte où celle-ci s'exprime, j'ai compilé plusieurs idées. À chacun(e) d'en choisir une ou deux, ou d'en combiner plusieurs pour mettre au point un plan d'action personnalisé, puis d'ajuster ensuite ce programme au fur et à mesure jusqu'à la solution du problème. À mon avis, c'est ainsi que le processus d'éducation fonctionne le mieux.

Gardons ces fondamentaux à l'esprit et commençons avec quelques principes essentiels, une sorte de fil conducteur pour le reste de ce livre, et pour la suite de notre vie aussi, d'ailleurs. Nous pourrons appliquer ces principes élémentaires à presque toutes nos décisions de parents, pour nos enfants, nos petits-enfants et même nos arrière-petits-enfants.

---

**Principes de base pour une résolution sans larmes des problèmes**

Il n'existe aucune règle, aucune garantie, pour aucune technique d'éducation. Nous avons le droit d'élever nos enfants selon nos choix et ce qui sonne juste pour nous. C'est au cours de nos pratiques routinières que nous adapterons notre approche à chaque enfant en fonction de ses besoins, de sa personnalité, de son tempérament. Seuls les problèmes que nous reconnaissons comme tels nécessitent notre attention. Inutile de nous en créer ou de nous en imaginer un nouveau, juste parce que quelqu'un pense que nous avons ce problème, même si cette personne est un membre de notre famille, une amie ou un expert.

Une fois le souci identifié, pas de panique : mieux vaut prendre tout son temps pour préparer le meilleur plan d'action. Le processus de résolution commence par une analyse des solutions possibles, puis enchaîne par le choix de ce qui est pertinent pour nous et pour notre foyer. Il existe rarement une seule réponse adéquate et nous emprunterons sans doute des chemins variés pour arriver à notre destination.

Lire, écouter, apprendre sans cesse : mais en filtrant toujours selon nos convictions personnelles et notre philosophie parentale.

---

**La parole aux mères**

Luke était un bébé super colle. Impossible de le laisser avec un baby-sitter, de m'éloigner de lui au square, de quitter la pièce sans qu'il fonde en larmes. La barbe ! Je ne pouvais même pas faire pipi toute seule ! Tout le monde me disait que j'en faisais trop et que je devais le laisser grandir, ce qui n'avait aucun sens pour moi. Depuis quand faut-il qu'un bébé soit pressé de grandir ? Avec tout le mal que je m'étais donné pour créer un lien fort entre nous deux ? Pour moi, ce lien vaut son pesant d'or !

Pourtant, j'avais quand même envie de sortir au restaurant avec des adultes ou de faire un jogging sans la poussette. Je ne savais pas comment m'y prendre sans provoquer les pleurs de Luke. Alors j'ai décidé de prendre conseil auprès de l'experte en solutions sans larmes et je suis bien contente de l'avoir fait !

Depuis, j'ai mis en pratique ses idées et j'ai changé d'approche. Je suis restée patiente et j'ai répondu aux demandes de mon fils, mais j'ai aussi commencé à lui laisser de l'espace quand l'opportunité se présentait. Nous avons joué à la séparation. J'y suis allée pas à pas, en le rassurant constamment. J'ai pris toutes sortes de précautions avant de changer ses routines, en lui expliquant à l'avance ce qui allait se passer, puis en lui faisant découvrir de nouvelles situations progressivement. Récemment, lorsqu'il est allé dormir chez sa grand-mère, je lui ai donné son propre Bracelet Magique… et la magie a fonctionné ! Ils ont passé un très bon moment, sans la moindre larme !

Luke a maintenant tellement confiance en lui qu'il compte les jours jusqu'à sa rentrée en maternelle sur le calendrier que j'ai affiché au mur. Il va régulièrement et sans problème à la halte-garderie, et partout ailleurs, en fait, chaque fois qu'il est invité. C'est devenu un vrai animal social ! C'est moi qui souffre d'anxiété de séparation, maintenant !
Gloria, maman de Luke, quatre ans.

# 2. Solutions sans larmes pour les tout-petits, de six mois à trois ans

Quand les bébés prennent conscience du monde autour d'eux, ils commencent à forger d'importantes relations avec les personnes partageant leur vie. Ils apprennent vite combien certaines sont indispensables à leur bonheur et à leur survie. Mais, parce qu'ils n'ont pas la capacité de comprendre comment le monde fonctionne, ils ne savent pas ce qui fait apparaître ou disparaître ces personnes. Ils n'ont aucun moyen de deviner si, une fois hors de leur vue, elles sont parties à jamais ou si elles reviendront. Ils ont besoin de sentir leur proximité et de se protéger de la perte potentielle de ces êtres chers. Pour exprimer cela, ils utilisent les seuls outils à leur disposition : ils pleurent et s'accrochent.

L'anxiété de notre enfant est en réalité un signe positif. Il est parfaitement normal, voire merveilleux, qu'il soit attaché à nous et désire nous voir à ses côtés en permanence. Voilà le fruit de nos efforts pour établir un lien solide. Nous avons le droit d'ignorer poliment ceux qui nous disent le contraire.

Au fil du temps, notre petite comprendra que, d'autres personnes étant capables de s'occuper d'elle, tout se passera bien pendant nos séparations. Avec l'expérience, elle saura que nous finissons toujours par revenir. Mais cela prendra du temps avant qu'elle atteigne ce niveau de maturité. D'ici là, pour l'aider à accepter et gérer les séparations, pourquoi ne pas essayer quelques-unes des idées suivantes ?

## Jouer à cache-cache avec des objets

Avec ce jeu ancestral, nous pouvons transmettre à notre bébé une idée importante, le b.a.-ba de toute séparation : les choses existent même s'il ne les voit pas, et quand elles disparaissent, elles réapparaissent. Cette technique l'aidera lorsque nous nous éloignerons à notre tour de sa vue. Le jeu consiste à cacher un jouet sous une couverture ou dans une boîte, puis à le ressortir d'un geste théâtral. Une fois l'objet recouvert, nous pouvons demander à notre bébé de tâter pour lui montrer qu'il est toujours là. Si nous camouflons quelque chose dans une boîte, nous pouvons la secouer bruyamment avant d'en extraire l'objet. Nous pouvons aussi le laisser faire et lui proposer de dissimuler une bricole pour nous, que nous trouverons ensuite avec un hourra triomphant.

J'aime beaucoup la variante consistant à utiliser une maison de poupée et des figurines. Ces personnages entrent, sortent de la maison, se promènent tout autour. C'est le moment de débrider notre créativité : les adultes miniatures peuvent s'éloigner au volant d'une voiture, conduire jusqu'au bureau ou au supermarché, aller acheter du pain à la boulangerie… là où nos pas nous mènent quand nous quittons notre foyer. N'oublions pas, les figurines se disent au revoir avant de se séparer et leurs retrouvailles sont toujours joyeuses. Plus nous jouerons, plus nous augmenterons la portée pédagogique de ce jeu.

## Jouer à cache-cache avec des gens

Les parents y jouent instinctivement. Beaucoup plus qu'un jeu amusant, c'est une leçon importante pour notre bébé. Un pas plus loin que le cache-cache avec des objets, ce jeu transmet plusieurs messages : les gens existent même quand on ne les voit pas, ils reviennent toujours et alors, c'est le bonheur.

On y joue de bien des façons. Nous dissimulons notre visage quelques secondes derrière nos mains ou sous une couverture, ou même derrière les jambes de bébé pendant que nous le changeons. Puis vient la question : « Elle est où Maman ? » Après quelques instants, nous sortons la tête et nous écrions gaiement : « Coucou ! Je suis là ! » Peu à peu, nous pouvons camoufler une plus grande partie de notre visage, de plus en plus longtemps. Nous pouvons aussi placer quelque chose sur la frimousse de notre bébé (« Il est où Bébé ? ») et le laisser lui-même quitter sa cachette.

---

**La parole aux pères**

J'ai découvert que les jeux auxquels nous jouons avec Maddie fonctionnent. Je me suis absenté au supermarché pendant une heure, et quand je suis rentré, elle a couru vers moi, a ouvert ses bras, et a crié « Coucou ! Je suis là ! ». Exactement de la même manière que lorsque nous jouons à cache-cache.

Mark, père de Madison, dix-neuf mois.

---

## Jouer à se dire au revoir

Sur la base du cache-cache avec les gens, on ajoute les mots et les gestes habituels d'un départ puis d'un retour, pour aider bébé à comprendre le sens de « bonjour » et de « au revoir ».

Nous disons « au revoir » (ou tout autre mot, toute autre phrase usuelle pour nous lors d'une séparation) puis nous nous cachons dans un recoin ou derrière un meuble. Quelques secondes après, nous quittons notre cachette et lâchons « Bonjour ! » (Ou toute autre phrase de bienvenue courante pour nous.) Nous pouvons jouer à ce jeu tous les jours en augmentant peu à peu le laps de temps où nous nous dérobons à la vue de notre petit, puis faire varier le jeu en y incluant les moments où nous sortons de la pièce pour prendre une douche, passer un coup de téléphone ou préparer le repas. N'hésitons pas à laisser notre bébé se cacher, lui aussi. Une fois habitué à nos allées et venues, associées à nos phrases et gestes courants, les séparations réelles devraient être plus faciles.

## S'entraîner par de mini-séparations sécurisantes

Pendant le déroulement de notre journée ensemble, de multiples opportunités de se soustraire à la vue de bébé pendant un très court moment s'offrent à nous. Savoir profiter de ces opportunités est particulièrement utile pour les petits super-collants qui ont besoin de leur parent à portée de bras à tout moment.

Pour commencer, attirer l'attention de notre enfant sur un jouet, un jeu, ou vers une autre personne. Dès qu'il joue tranquillement, nous pouvons prendre nos distances lentement jusqu'à une pièce voisine. Siffler, chanter, fredonner ou parler à voix haute tout en nous écartant, continuer une fois hors de vue, de façon à ce qu'il perçoive que nous sommes encore là, même s'il ne nous voit pas. Réduire l'écart s'il manifeste de la nervosité. Sinon, procéder à ces toutes petites séparations tout au long de la journée en variant les circonstances, d'abord quelques minutes puis en augmentant progressivement la durée. (Ne jamais laisser une enfant sans supervision, sauf si elle est dans un lieu sécurisé, son berceau par exemple, et même si c'est le cas, juste pour de courts instants.)

## Éviter les changements de bras

Souvent, nous faisons passer notre bébé de nos bras à ceux d'une autre personne. Notre tout-petit est alors brusquement extrait de notre chaleur sécurisante pour rejoindre des bras moins familiers. Ce type de séparation est presque toujours physiquement douloureux pour les tout-petits. C'est le meilleur moyen de déclencher une anxiété de séparation.

Afin d'éviter un changement de bras, nous pouvons placer d'abord bébé en situation neutre, par exemple à terre pour jouer ou sur une balançoire, dans une chaise haute, dans un siège-bébé, puis demander à la personne qui le prend en charge de venir s'asseoir à côté de lui et attendre qu'elle ait attiré son attention. C'est alors le moment de dire un rapide au revoir avec le sourire et de partir. La personne l'accueillera dans ses bras au meilleur moment possible : tout de suite après notre départ. L'intérêt de cette démarche est d'offrir à cette personne le rôle du sauveur de notre bébé, ce qui l'aidera à construire une relation avec lui.

## Materner son bébé sans culpabiliser

Nous respectons les besoins de notre enfant : bravo ! L'anxiété de séparation est une réponse émotionnelle biologiquement nécessaire. Elle signale un amour et un attachement profonds. Tous les enfants traversent cette phase à leur manière et à leur rythme. Forcer notre enfant à se séparer de nous malgré ses protestations n'est pas le meilleur moyen d'encourager son autonomie et pourrait même exacerber le problème, rendant notre petit encore plus craintif à l'idée de s'éloigner de nous.

---

**La parole aux mères**

Si mon fils ne veut pas se séparer de moi, il doit y avoir une raison et je suis contente de répondre à ses besoins. Il n'a que deux ans ! En un clin d'œil, ce sera un grand garçon qui ne voudra plus de sa mère dans les pattes. Même si son anxiété de séparation crée des difficultés, je considère que c'est un état passager. Mon fils ne sera tout-petit qu'un court moment, et s'il a besoin de mon implication totale, pour l'instant, il peut l'avoir.

Lana, maman de Lior, deux ans.

---

Nous pouvons autoriser notre enfant à développer son indépendance lentement selon son propre rythme et à sa propre façon, le laisser nous coller de temps en temps, quand c'est possible pour nous. Réagir aux pleurs de notre bébé, même s'il a été nourri, changé et ne s'est pas fait mal, même si sa seule demande est d'être pris dans nos bras. Ne nous inquiétons pas à l'idée que notre amour et notre attention risquent de lui gâcher la vie, parce que c'est l'inverse qui se produira : plus nous répondrons à ses besoins d'attachement pendant sa petite enfance, plus il deviendra confiant et sûr de lui en grandissant.

**La parole aux professionnels**

Il existe une vieille théorie selon laquelle, si nous prenons un enfant dans nos bras chaque fois qu'il pleure, alors l'enfant apprend qu'il suffit de se mettre à pleurer pour qu'on s'occupe de lui, et il pleurera encore plus. Nous avons découvert que c'est exactement l'inverse qui se produit : les enfants consolés dans les bras avec une régularité sans faille lorsqu'ils pleurent finissent par pleurer moins.

Penelope Leach, auteur de *Votre enfant de zéro à cinq ans*, éditions Pearson.

## Réduire autant que possible les séparations

Nous avons tout à fait le droit d'éviter de nous éloigner de notre enfant s'il traverse une phase d'anxiété de séparation. Certaines personnes essaieront de nous convaincre de l'importance, voire même de la nécessité critique, de forcer notre enfant à affronter des séparations. En vérité, il n'existe aucune étude démontrant qu'un enfant contraint à se confronter à sa peur la surmonterait avec plus de facilité ou mettrait moins de temps à le faire, qu'un enfant autorisé à prendre son temps. Au contraire, agir en fonction des besoins de l'enfant et l'encourager vers notre objectif petit à petit, avec gentillesse et tendresse, c'est faire preuve de bon sens.

Quand nous avons le choix, si aucune obligation ne nous impose de nous séparer de notre enfant, alors ne nous séparons pas. Notre enfant passera cette étape de son développement très vite, trop vite même.

---

**Point clé**

Il n'existe aucune preuve scientifique démontrant que forcer la séparation entre un tout-petit et sa mère, ou son père, ou toute autre figure d'attachement, soit un bénéfice pour son développement. Au contraire, les études nous enseignent qu'un attachement solide et sain entre ce tout-petit et ses figures parentales influencera très positivement son comportement, son développement et ses relations en société.

---

Mais quand il nous semble que le moment est venu, que notre enfant est prêt, que des mains compétentes et accueillantes se tendent vers lui, alors nous pourrons utiliser les idées présentées dans ce livre pour l'aider à s'adapter aux périodes de séparation.

## AutorisER les « temps calmes »

De nombreux enfants se réveillent le matin, ou après leur sieste, en ne demandant pas mieux que de laisser errer leur regard sur les murs de leur chambre, de jouer avec une peluche ou de rêver les yeux ouverts. Nombre de parents ignorent qu'une enfant peut agir de la sorte, parce qu'à la minute même où ils l'entendent gigoter ou ouvrir la bouche, ils courent la chercher. Dès son prochain réveil, essayons de marcher à sa rencontre plus lentement. Écoutons-la attentivement : nous appelle-t-elle ? grogne-t-elle ? Ou s'éveille-t-elle juste dans son monde et s'offre-t-elle quelques minutes de calme ? Si elle semble heureuse, alors rien ne nous empêche de la laisser tranquille, tout en tendant l'oreille.

Être attentif aux besoins d'un bébé, c'est notre job de parents, à chaque instant. Mais un bébé peut très bien être à la fois éveillé et seul. Certes, la croyance inverse se nourrit d'une philosophie éducative pleine de bon sens. Cependant, une enfant peut apprécier des moments de solitude et y apprendre qu'elle est elle-même sa meilleure amie. Offrir de tels instants à sa fille, ce n'est pas être négligent, au contraire ! Nous lui offrons un joli cadeau. La confiance développée dans ces instants-là lui sera très utile, dans d'autres circonstances, lorsqu'elle voudra calmer son anxiété de séparation.

## Prévenir son enfant

Même si nous estimons notre bébé trop petit pour comprendre, nous pouvons prendre l'habitude de lui dire où nous partons et quand nous reviendrons. Inutile de commencer trop tôt : notre tout-petit n'assimile pas et ne se souvient pas d'une information portant, par exemple, sur le week-end prochain. En revanche, il la retiendra si nous la lui donnons une heure ou deux à l'avance, puis si nous la répétons au moment où nous nous préparons à sortir. « Je vais bientôt partir au supermarché. Tu restes ici avec ta grand-mère. » Choisissons bien sûr des indications intelligibles pour lui, comme : « Je serai de retour après manger. » Il est utile de lui parler ainsi même s'il en est encore à un stade préverbal. Il comprend déjà nos intonations.

C'est aussi valable pour la crèche ou la halte-garderie. Sur la route, dans la voiture, dans le bus, ou à pied, il a besoin d'entendre ce qui se passera pour lui. Il ne sera alors pas surpris au moment de notre départ.

## Assumer la séparation : éviter de filer à l'anglaise

Certains éprouvent la tentation de s'esquiver sur la pointe des pieds pendant que l'enfant dort ou joue, car cela semble plus facile que de se confronter à ses larmes. Il est important de résister. En s'éclipsant ainsi, une inquiétude permanente risque de s'installer, notre petite étant amenée à penser que nous pouvons disparaître sans prévenir à tout moment. Résultat, elle peut devenir encore plus collante, parce qu'elle voudra nous avoir sous les yeux constamment. De plus, si nous filons en douce pendant qu'elle a le dos tourné, nous sapons la confiance qu'elle nous porte et la laissons libre d'interpréter notre comportement comme une punition ou un manque d'égard pour son ressenti.

## Prendre son temps…

Offrons à notre bébé tout le temps nécessaire pour qu'il comprenne que nous sommes sur le point de partir. Si les préparatifs s'effectuent dans le chaos et la précipitation, ponctués d'un sprint puis d'une porte qui claque, voilà de quoi déclencher un épisode d'anxiété chez l'enfant. Pourquoi ne pas créer un rituel court et agréable, un ensemble de mots et de gestes à répéter à chaque séparation, dans la détente et la bonne humeur ? Pour un au revoir paisible, il est utile de prévoir dix à quinze minutes.

## … Sans s'éterniser

Nous voulons donner suffisamment de temps à notre enfant pour qu'il accepte notre départ, pour autant, attention à ne pas faire durer les au revoir. Un « Au revoir », accompagné d'un geste de la main et d'un sourire, et nous voilà en route. Plus nous prolongeons ce moment de séparation, plus l'anxiété risque d'augmenter. Et surtout, une fois le « au revoir » prononcé, il est important de partir vraiment. Souvent, les parents se dirigent vers la porte, mais s'arrêtent pour entamer une conversation avec la personne qui va garder l'enfant voire pour répondre au téléphone. Cela provoque de la confusion chez l'enfant, permettant à l'anxiété de s'installer.

Puisqu'il vaut mieux éviter de faire demi-tour, autant vérifier à l'avance que nous sommes en possession de tout ce dont nous avons besoin, clés, tickets de métro, porte-monnaie, manteau.

## Adopter la « positive attitude »

Les enfants captent parfaitement les émotions de leurs parents. Notre petite ne se contente pas d'observer nos actes, elle absorbe aussi notre ressenti. Si la séparation nous rend nerveuses, elle sera nerveuse, elle aussi. Notre confiance calme ses craintes et lui signale qu'elle saura maîtriser la situation. En lui montrant que nous sommes tranquilles et confiantes, nous lui signifions qu'elle peut l'être, elle aussi.

La première fois que nous adopterons cette attitude, nous n'obtiendrons pas forcément l'effet escompté. La deuxième fois non plus. Peut-être même pas la troisième ! Mais un jour ou l'autre, elle finira par comprendre que nous lui disons toujours au revoir avec le sourire, que rien de grave ne se passe pendant notre absence, que nous revenons chaque fois et qu'elle n'a donc aucune raison de s'inquiéter.

Pour convaincre notre enfant que tout va bien, cela aide d'en être nous-mêmes vraiment persuadées ! (Cf. chapitre 6.)

## S'entraîner « pour de vrai »

En guise d'entraînement avant une séparation à venir, nous pouvons laisser notre enfant avec une personne familière, en qui il a confiance et à qui il est attaché. Il est important de commencer par des sessions très courtes, qui s'allongeront progressivement : dix minutes, puis vingt, puis trente, jusqu'à une heure ou deux. Pour des résultats optimums, un « échauffement » tous les deux jours ou au moins deux fois par semaine permettra à bébé de garder le souvenir de l'expérience d'une session à l'autre.

Au début, il se peut que notre bébé pleure juste après notre départ. Tant qu'il sanglote, mieux vaut, si possible, ne pas revenir. Nous pouvons nous dissimuler derrière la porte et attendre que la personne à qui nous l'avons laissé ait réussi à le calmer. Puisqu'il s'agit d'une personne en qui notre bébé a confiance, elle devrait y parvenir. Avant de partir, nous aurons veillé à lui suggérer les activités les plus efficaces pour notre enfant : regarder par la fenêtre, par exemple, jouer avec le chat ou lire un livre. Une fois notre tout-petit calmé et peut-être même jouant gaiement avec sa nounou, nous pouvons faire notre entrée. Si nous revenons pendant ses sanglots, il peut en déduire que ses larmes nous ont fait accourir ! Si nous réapparaissons à un moment où il est heureux, cela crée une expérience positive de plus pour sa banque de souvenirs.

Ces courts exercices de séparation sont à pratiquer pendant plusieurs semaines, voire un mois ou deux avant de le laisser à la crèche ou de changer son mode de garde.

Si nous choisissons la garde à domicile, nous procéderons par paliers progressifs jusqu'au volume horaire souhaité. C'est une bonne idée aussi de payer la nounou pour quelques séances « d'échauffement » alors que nous restons à la maison. Nous pouvons nous installer dans la même pièce les toutes premières fois, mais comme observateur, autant que possible sans nous impliquer. Si notre bébé refuse de s'éloigner de nous, alors asseyons-nous tranquillement près de la nounou, mais laissons-la parler et jouer avec lui. Nous nous écarterons petit à petit dès qu'ils commenceront à échanger l'un avec l'autre.

Après avoir assisté intégralement à quelques séances, nous prendrons ensuite nos distances dès qu'ils joueront ensemble ou amorceront une activité. En sortant de la pièce, nous leur donnons l'espace nécessaire pour qu'ils se découvrent l'un l'autre. Si nous avons déjà joué à nous dire au revoir, jeu décrit plus haut dans ce chapitre, nous ne devrions pas rencontrer de difficulté pour nous absenter un court instant. Nous restons à proximité, donc pourquoi ne pas chanter, fredonner, parler au téléphone ou siffloter, si cela aide. Notre enfant sentira notre présence réconfortante dans la maison. En revanche, si tout va bien, alors ne faisons aucun bruit une fois sorties de la pièce. Donnons le temps à la nounou et à notre bébé de faire connaissance.

L'étape suivante du processus consiste à faire venir la nounou puis à quitter la maison pour un laps de temps assez court, vingt minutes environ. Si cette petite escapade se déroule bien, absentons-nous ensuite une heure ou deux. Nous serons alors prêtes à passer au volume horaire prévu. Les séances d'« échauffement » les plus brèves, au début, enseignent à notre enfant que quand nous partons, il est heureux et en sécurité avec sa nounou, et que nous reviendrons plus tard. Cette conviction se transfère aisément lorsque la durée de la séparation s'allonge.

À notre retour, inutile d'en rajouter sur le côté émotionnel de nos retrouvailles avec notre enfant, et d'en faire tout un plat, sinon nous lui signalons à quel point nous avons accordé d'importance à la séparation. Saluons-le gentiment, serrons-le brièvement dans nos bras, puis demandons-lui s'il s'est amusé. Ainsi, il comprendra à quel point nous sommes à l'aise et confiants avec le nouveau mode de garde et sera incité à l'être, lui aussi.

## Briefer la nounou

S'occuper d'un enfant qui fond en larmes dès que sa mère ou son père partent, ce n'est facile pour personne.

De nombreux adultes ne savent pas comment réagir et, souvent, leur réponse instinctive est de murmurer à l'oreille de l'enfant « tout va bien, ne pleure pas », tout en le serrant très fort dans leurs bras et en le caressant. Cela peut marcher avec quelques-uns, mais pour la plupart, cela aura peu d'effet. Voire aucun. À ce moment précis, des émotions intenses envahissent l'esprit du petit. Les sanglots l'empêchent de comprendre les mots apaisants. De plus, tout comportement trop sympathique conforte l'enfant dans l'idée que la séparation est bel et bien une triste affaire.

Il est plus efficace de suggérer à notre nounou d'attirer l'attention de l'enfant avec un geste actif et de le sortir de son état en lui parlant sur un ton au moins équivalent à l'intensité sonore et émotionnelle qu'il exprime : une réaction plus vigoureuse est appropriée. Par exemple, elle peut taper dans les mains puis s'exclamer d'une voix forte : « Eh bien ! Eh bien ! Que se passe-t-il ? Regarde-moi ! Je suis là ! Je peux t'aider ! » Son enthousiasme peut suffire à débloquer la situation.

## Distraire l'attention

Notre départ est plus facile à vivre pour l'enfant quand il est déjà en train de jouer avec la personne qui le garde. Si notre agenda le permet, restons donc un court moment, le temps qu'ils s'engagent dans une activité : nous pouvons nous asseoir cinq minutes, proposer jouet ou activité. Ensuite, nous écarter et les observer en silence, en évitant tout commentaire rappelant notre présence. Une fois qu'ils jouent, nous sortons sur un au revoir rapide.

Si l'enfant est distrait par un jouet ou par une activité amusante, regarder par la fenêtre, par exemple, notre départ n'occupe plus toute son attention, et nous aurons fourni un outil à la nounou pour que notre bébé s'intéresse à elle.

---

**La parole aux pères**
Notre voisine Abuelita a six enfants, dix petits-enfants, et deux arrière-petits-enfants. C'est une femme calme et on voit qu'elle a de l'expérience. Notre fille Daniela souffre d'une anxiété de séparation très forte, mais Abuelita la prend dans ses bras, marche avec elle dans le jardin en lui pointant du doigt chaque feuille, chaque insecte, sur un ton de fascination totale. Daniela est tellement ensorcelée qu'elle ne lui résiste pas du tout comme elle le fait avec d'autres personnes.
Juan, père de Daniela, un an.

---

## Favoriser l'initiative de l'enfant

Souvent, les parents ratent d'excellentes occasions de s'entraîner à la séparation quand celle-ci est provoquée par l'enfant. Typiquement, l'occasion surgit dans un moment de détente, alors que la petite joue : soudain, elle remarque quelque chose de nouveau et qui l'intrigue. Elle se lève et part à la découverte. Tout parent normalement constitué la suit afin de mettre des mots sur ce qui a éveillé son intérêt. Ce faisant, il dévoile sa présence et transforme un instant privé qu'elle s'offrait en une activité de groupe. Dommage, voilà une occasion manquée de la laisser apprivoiser la solitude.

Donc si notre bout de chou rampe ou crapahute jusqu'à la chambre adjacente, réfrénons notre envie de nous précipiter derrière elle ! Il suffit de jeter un coup d'œil pour vérifier qu'elle y sera en sécurité. Elle sentira que nous l'appuyons dans ses explorations en solitaire. Pourquoi ne pas provoquer sa curiosité en plaçant de nouveaux objets ou ses jouets favoris, à hauteur de sa vue, mais dans une autre pièce ? Ou à une certaine distance de là où nous nous trouvons ?

---

**La parole aux professionnels**

Le jeu en solitaire encourage l'indépendance, la confiance en soi, la créativité et les compétences verbales.

Docteur Maria-Luisa Escolar, pédiatre spécialisée dans le développement de l'enfant, Université de Caroline du Nord, États-Unis d'Amérique.

---

Rien de tel qu'une séparation initiée par l'enfant pour qu'il y goûte la joie qu'il peut y trouver. Offrons-lui de courtes séances de jeu autonome tous les jours. S'il s'amuse calmement tout seul, s'il observe tranquillement son environnement, nous pouvons garder nos distances, apprécier la scène de loin et le laisser se pénétrer de l'idée qu'il peut être seul tout en étant heureux et en sécurité. Cet entraînement l'aidera lors de futures séparations qu'il ne contrôlera pas. De plus, savoir jouer seul est une compétence précieuse : elle renforcera sa confiance en lui et son bien-être intérieur.

## Encourager le doudou

Les doudous, qu'il s'agisse d'un jouet, d'un lange, d'une couverture, d'une peluche, sont appelés « objets transitionnels » parce qu'ils font le lien entre être avec un parent et être tout seul. L'objet familier rassure l'enfant et lui indique que tout est normal. Les Anglo-Saxons utilisent le terme de « couverture de sécurité[1] » ou de « lovey », parce que les enfants développent des liens émotionnels très forts avec ces objets. Un doudou peut calmer notre enfant et l'aider à surmonter la douleur de la séparation. Il devient son ami et symbolise sa sécurité.

De nombreux enfants formeront d'eux-mêmes une attirance pour un objet particulier. Si nous la détectons, nous pouvons valoriser cette relation spéciale et surtout la respecter. Si notre petite n'a pas de doudou, nous pouvons l'encourager à en avoir un. Sélectionnons la

1. *Security blanket.*

couverture ou la peluche nous paraissant bonne candidate, quelque chose qu'elle touche souvent ou porte avec elle. Pour les bébés très collants, un vieux T-shirt de Maman fera l'affaire. Lorsque l'initiative vient de nous, soignons bien notre choix, parce que nous côtoierons ce doudou pendant des années !

Une fois notre dévolu jeté, gardons toujours l'objet à proximité, surtout au moment du coucher, de la sieste et des câlins. Notre petite devrait se sentir attirée vers cet objet particulier. Nous pourrons ensuite compter dessus pour l'aider pendant les séparations.

Un mot d'avertissement : dès que l'enfant s'attache à un doudou, il est utile d'en acquérir deux ou trois autres en tous points identiques. La pire des catastrophes, c'est un doudou perdu ou endommagé ! En les faisant tourner, nous nous assurerons qu'aucun ne s'abîme plus vite que les autres, car l'usure d'un doudou fait partie intégrante de sa personnalité !

## Présenter tout en douceur

Quand nous présentons notre toute petite à une nouvelle personne, tenons-la bien solidement dans nos bras. En sécurité, au plus près de nous, elle se sentira plus à l'aise avec l'inconnu. Si elle n'est pas rassurée, inutile de la forcer à accepter les caresses ou à changer de bras, sa peur risquerait d'en être augmentée lors du prochain contact avec un étranger. En cas de nouvelle rencontre, attendons qu'elle se détende avant d'encourager tout contact physique.

En prenant le ressenti de notre bébé en considération, en lui permettant de faire des choix quand son propre corps est impliqué, nous lui montrons comment faire respecter son espace personnel et se protéger.

## Comprendre le point de vue de l'enfant

Même si nous connaissons très bien nos tantes, nos oncles, nos grands-parents, nos amis, si notre bébé ne les a vus que rarement, il les classe dans la catégorie des « étrangers ». Il ne s'agit pas d'un jugement porté sur ces membres de la famille. L'enfant indique simplement qu'il ne les connaît pas. Notre défi est d'aider ces personnes à comprendre qu'elles doivent s'armer de patience. Avec le temps, il se sentira plus à l'aise avec elles.

Pour aider notre tout-petit à accepter ces nouvelles personnes, il est pertinent de le garder dans nos bras pendant nos conversations. Nous pouvons, nous, tendre la main vers nos interlocuteurs, les enlacer, leur tendre la joue affectueusement : nous montrons ainsi à notre bébé que nous les acceptons comme amis et l'autorisons à faire de même.

Les « étrangers » se froissent parfois quand un enfant réagit à leur présence comme s'ils étaient une menace vitale pour lui. Pour désamorcer la situation, une simple explication peut suffire, celle-ci par exemple : « Il lui faut quelques minutes avant d'être à l'aise avec quelqu'un qu'il ne connaît pas bien. J'ai lu que c'était tout à fait normal pour son âge. » Et vite, nous changeons de sujet. Nous donnons ainsi à notre petit le temps de se ressaisir et d'observer cette nouvelle personne sans être au centre de la conversation.

---

**Point clé**
Toute personne que notre enfant ne connaît pas très bien lui est étrangère.

---

## Donner le contrôle à l'enfant

Nous pouvons demander au nouveau venu à qui notre petite est présentée pour la première fois de faire comme si elle n'était pas là et d'attendre que ce soit elle qui vienne à lui. Avant la visite, à nous de lui expliquer le contexte : notre enfant traverse les affres de l'anxiété de séparation, et nous avons remarqué que si elle initie le contact, alors la visite se déroule mieux. Ainsi, nous aurons donné le ton de la rencontre et cette nouvelle personne ne se sentira pas snobée.

Après un court temps d'acclimatation, pendant lequel l'enfant observe « l'intrus », nous pouvons tendre un jouet à l'invité et l'inciter à l'utiliser pour jouer avec la petite. Un gentil monsieur avec un jouet intéressant est plus facile à accepter qu'un inconnu qui veut nous toucher ou nous prendre. Les enfants sont curieux de nature. Cette stratégie désamorce le stress d'une rencontre et place la visite en terrain neutre, voire familier, du jeu.

Notre petite se sentira plus à même de maîtriser la situation si elle n'est pas bousculée. Elle en appréciera d'autant mieux ce tête-à-tête et les suivants, quand elle sera en présence d'un autre nouvel ami potentiel.

## Encourager l'observation en lieu sûr

Plus souvent le bébé côtoie de nouvelles personnes, plus il sera à l'aise avec les nouveaux visages. Choisissons des endroits où il peut observer des gens sans être exposé au stress de l'interaction : une promenade en centre-ville ou dans un parc très fréquenté. Tout en le conservant tout contre nous, permettons-lui de regarder autour de lui et de s'imprégner de tous ces visages inconnus.

Quand nous posons une question à un vendeur, quand nous passons à la caisse, nous nourrissons notre enfant d'autant d'indices qui lui permettent de comprendre en quelles personnes il peut avoir confiance. Raison de plus pour adopter le sourire lors de tous ces brefs échanges ! Si l'un de ces étrangers s'adresse à notre bambin, nous avons le droit de répondre à sa place. Si l'inconnu tend la main pour le toucher, nous pouvons nous interposer et déclarer « il a besoin de temps pour vous connaître ».

## Voler à leur rescousse

L'anxiété de séparation ne disparaît pas complètement du jour au lendemain, mais s'atténue par à-coups, sur un laps de temps plus ou moins long. Notre toute petite acceptera peut-être les bras de quelqu'un pour décider quelques minutes plus tard que ça suffit comme ça. Dès qu'elle donne des signes d'inconfort ou commence à geindre, autorisons-nous à la récupérer immédiatement (si nous pouvons). Nous ne sommes pas obligés de regarder passivement quelqu'un tenter de calmer notre bébé en pleurs. Une petite explication mettra fin à l'embarras de la situation : « Bon ! On dirait que son anxiété de séparation refait surface, ça lui arrive, de temps en temps ! » La plupart des gens seront soulagés que nous prenions aussi rapidement en charge notre petite en larmes.

Si nous la forçons à affronter des moments d'inconfort, nous courons le risque qu'elle resserre la vis et nous résiste lors du prochain essai. En répondant à son appel au secours, nous l'encourageons à réessayer. Les expériences courtes et plaisantes s'allongeront ensuite tout naturellement.

## Préparer les rencontres

Une semaine avant l'arrivée chez nous de personnes inconnues de notre petit, nous pouvons le préparer en lui montrant des vidéos ou des photos, en lui présentant chacun de ces « étrangers ». S'il aime les livres, nous pouvons fabriquer un petit album de quelques photos pour lui raconter l'histoire de chacun de ces merveilleux visiteurs.

Quand ces derniers sonnent enfin à notre porte, nous les accueillons, les serrons dans nos bras en les nommant, pour aider notre bébé à faire le lien entre les photos et les vraies personnes.

## Manger, boire, dormir et profiter

Les enfants reposés se font de nouveaux amis plus facilement, s'adaptent mieux au départ de leur Maman ou de leur Papa, que les enfants fatigués. S'ils manquent de sommeil, leurs fusibles sautent plus vite. Leur capacité de tolérance est divisée par deux !

La faim peut aussi diminuer leur adaptabilité. Ils ne l'identifient pas toujours comme la source de leur mal-être. Quand ils sentent que quelque chose ne va pas, ils se rapprochent tout naturellement de la personne qui les connaît le mieux et qui trouvera comment mettre fin à leur malaise.

Un bébé reposé et rassasié manifestera une meilleure humeur pour se faire des amis ou explorer de nouvelles situations.

## Éviter l'excès de séparations pendant les pics d'anxiété

Nous avons le droit d'éviter de nous séparer de notre enfant lorsqu'il traverse un pic d'anxiété. En général, ces phases passent plus vite si nous nous autorisons à prendre le chemin le moins stressant. Ce n'est donc pas forcément le meilleur moment pour s'absenter longuement, prendre une journée entière pour faire les soldes ou pour profiter d'un spa. Ce n'est pas le meilleur moment non plus pour déposer notre petit chez un proche pour une nuit complète.

Si nous n'avons pas le choix et sommes contraints de nous séparer de notre enfant pendant un pic d'anxiété, sélectionnons bien la personne qui le gardera. Au-delà de ses compétences élémentaires, la personne idéale doit avoir de l'empathie pour les émotions de notre enfant et les accepter avec gentillesse et patience.

Pour autant, je n'ai pas dit que nous devons nous transformer en ermite juste parce que notre bébé affiche de la nervosité dans des situations nouvelles pour lui, ou face à des inconnus ! Allons-y doucement, tranquillement, il sortira de cette phase plus vite, plus facilement.

## Contrôler nos réactions

Si la séparation nous rend nerveux, notre petite le sent. Elle se base sur nous pour adapter son comportement. Il est donc préférable de lui montrer à quel point nous avons confiance : nous la savons en bonnes mains pendant notre absence et sommes persuadés qu'elle s'amusera une fois acclimatée à sa nouvelle situation. Restons calmes, sûrs de nous et détendons-nous de manière à lui transmettre notre sérénité.

Même chose à notre retour ! Si elle s'est adaptée avec difficultés et si nous lui couvrons la tête de bisous en lui disant « comme tu m'as manqué ! », nous la confortons par mégarde dans l'idée que, de toute évidence, la séparation est une affaire grave et redoutable. Il suffit de l'accueillir avec un bref câlin, tendre, mais calme, et de lui parler gaiement : « Salut mon trésor ! Alors, as-tu joué avec tes nouveaux cubes pendant que j'étais parti ? » Nous lui montrons ainsi que la séparation est un événement ordinaire, que nos retrouvailles sont une routine comme une autre et qu'elle n'avait aucune raison de s'inquiéter pendant notre absence.

## En cas de succès, recommencer

Si une séparation se passe bien, autant la reproduire rapidement, dans les jours qui suivent. Ne tardons pas : agir vite entretient l'optimisme. En remplissant sa mémoire d'expériences positives, nous aidons notre enfant à développer sa confiance.

## 3. Le Bracelet Magique, une solution sans larmes

Quelle est la seule façon d'éradiquer complètement l'anxiété de séparation ? Éliminer les séparations, bien sûr ! Si notre enfant pouvait nous transporter avec lui partout où il va, alors tout irait bien. Puisque c'est clairement impossible, nous pouvons essayer ce qui s'en approche le plus : donner à notre enfant un petit truc susceptible de devenir le gage de sa sécurité et le symbole visible de notre amour pendant nos séparations. J'en ai découvert un très simple, efficace et facile à porter. Il fonctionne pour les filles comme pour les garçons et à tout âge. C'est le Bracelet Magique ! C'est un peu comme si notre enfant mettait à son poignet un parent portable, un parent tout aplati et tout léger.

De la même manière que le doudou aide notre enfant à se sentir en sécurité lorsqu'il doit se séparer de nous au moment du coucher, le Bracelet Magique est un objet transitionnel qui l'aide à se séparer de nous en toute confiance pendant la journée (et il peut aussi servir à faciliter l'endormissement). C'est un rappel tangible de notre amour et de notre attention, un gage d'affection, une source de consolation facile d'accès. L'enfant le met toute la journée, peut le voir, le toucher, chaque fois qu'il en éprouve le besoin.

Voyons comment Christine a utilisé le Bracelet Magique pour aider son fils. Dans son premier courriel, elle demande de l'aide :

> Chère Elizabeth,
>
> Je vous écris à cause de mon fils Lucas, six ans. Il entre au CP et a de grandes difficultés à se séparer de moi. Je lui manque trop et il ne veut pas aller à l'école. Il pleure tous les matins avant de partir, il pleure encore quand je le quitte devant sa classe. Ça me brise le cœur de commencer la journée d'un si mauvais pied et de le laisser dans un état pareil.
>
> En fin de journée, quand je reviens le chercher, il semble aller bien et il dit qu'il s'est amusé. La maîtresse m'assure qu'il se calme après mon départ et qu'ensuite tout va bien pendant la journée. Pourtant, à l'approche de l'heure du coucher, il s'angoisse, il s'inquiète de nouveau au sujet de l'école. Il ne dort pas bien et, les jours d'école, il arrive à peine à avaler quelque chose au petit déjeuner, idem au déjeuner… Je sais que c'est parce qu'il est nerveux.
>
> S'agit-il d'un comportement normal ? Est-ce que je peux faire quelque chose pour l'aider ? J'ai parlé à sa maîtresse. Elle a déclaré que cela arrivait parfois et qu'il fallait que je lui laisse du temps. Mais c'est tellement difficile de

> l'abandonner dans cet état tous les matins. Et je m'inquiète à son sujet toute la journée.
>
> Par avance, merci pour tout conseil que vous pourriez me donner. C'est déjà difficile pour moi de m'adapter à son passage en CP... Ajoutons ses pleurs et ses suppliques, et je me sens juste effroyablement mal.
>
> Merci pour le temps que vous pourrez m'accorder. Dans l'attente de votre retour, cordialement,
>
> Christine, mère de Lucas, six ans et de Levi, quatre ans.

Si j'avais pu, j'aurais serré Christine et son petit Lucas dans mes bras, là, tout de suite, maintenant. Je ressentais sa douleur, parce que j'ai vécu ces moments, et je comprenais aussi l'incertitude et la peur ressenties par son petit garçon. J'imaginais le stress et la frustration de leurs préparatifs matinaux.

J'ai répondu à Christine en commençant par lui dire que Lucas était tout à fait normal. Le CP est une étape importante dans la vie d'un enfant. (Cf. chapitre 4.) Je l'ai rassurée sur le fait qu'elle pouvait aider son fils à traverser cette phase. Je lui ai envoyé des informations et toute une liste de conseils, avec un guide lui permettant de fabriquer puis d'utiliser un Bracelet Magique. Son deuxième courriel m'est parvenu seulement six jours plus tard :

> Bonjour Elizabeth,
>
> Merci ! Merci ! Merci ! Merci !
>
> J'ai suivi vos propositions cette semaine et j'ai fabriqué un bracelet pour Lucas tout de suite après avoir reçu votre

message. Je le lui ai donné le matin suivant, en lui expliquant que ce petit ruban était chargé de tout mon amour. Devant Lucas, j'ai serré le bracelet contre mon cœur, l'ai caressé, l'ai embrassé. Ensuite j'ai dit à mon fils que chaque fois qu'il serait triste ou que je lui manquerais, il suffirait qu'il touche son bracelet pour sentir tout mon amour. Son visage est devenu rayonnant! Comme s'il avait subitement trouvé la paix. Il a vraiment aimé cette idée et a pris le chemin de la maternelle le sourire aux lèvres!

Nous en sommes aujourd'hui à cinq jours d'école, merveilleusement cent pour cent sans larmes!

Tous les matins, il me demande de faire le plein d'amour dans le bracelet, puis il l'attache à son poignet avec bonheur. Aujourd'hui, au moment où nous nous mettions en route pour l'école, il a dit: « Merci, Maman, de m'avoir fait ce bracelet. Il m'aide beaucoup. » J'en suis restée sans voix.

Je ne peux même pas vous dire à quel point cela a tout changé à la maison. Vraiment Meeerci!

Mon fils de quatre ans, Levi, vient d'entrer à la maternelle, alors j'ai fabriqué un autre bracelet pour lui. Il s'en sortait plutôt bien (comparé aux problèmes de Lucas, tout semble plus facile), mais son bracelet nous a aussi facilité la tâche le matin.

À l'école, j'en ai parlé à plusieurs parents confrontés eux aussi à une anxiété de séparation. Je leur ai transmis vos propositions et les résultats que nous avons obtenus. La semaine prochaine, il y aura certainement encore plus d'enfants à l'école qui se baladeront avec leur Bracelet Magique!

Je vous envoie mes remerciements les plus sincères, du fond du cœur. Et ceux de Lucas aussi, j'en suis sûre!

Sincèrement,

Christine

## Le Bracelet Magique de notre enfant

Première étape indispensable à la mise en œuvre de cette idée : trouver ou fabriquer le bracelet parfait pour notre enfant. Son style n'a aucune importance (nous ne sommes pas en train de créer un effet de mode) : tout est dans le pouvoir qu'il détient.

Quel que soit le bracelet choisi, nous le verrons sans doute devenir l'objet chéri de notre enfant, l'outil indispensable à sa confiance pendant nos séparations. Si c'est le cas, arrangeons-nous pour en avoir un ou deux de rechange au cas où il le perde ou le déchire, cas assez fréquent avec les enfants.

Il est possible d'acheter ou de fabriquer soi-même le bracelet. Dans tous les cas, il est important que le bracelet se conforme aux spécifications suivantes :

- Il ne contiendra pas de petites pièces posant un risque d'étouffement pour l'enfant, ses amis ou ses frères et sœurs plus jeunes.
- Il sera suffisamment solide pour résister aux jeux et à une utilisation fréquente.
- L'enfant pourra l'enlever et le remettre facilement.

- Son style sera simple, discret, et l'enfant pourra le porter un an, voire plus, si nécessaire.
- Il sera facile à remplacer s'il le casse ou le perd.

La possession d'un bracelet de secours nous contraint à utiliser les deux bracelets à tour de rôle. Si nous en gardons un sous le coude tandis que notre enfant porte l'autre tous les jours, ce dernier se décolorera et s'usera jusqu'à devenir unique et donc complètement irremplaçable aux yeux de l'enfant. Cachons soigneusement le second bracelet, pour éviter que notre petit ne le trouve, ne le perde, ou ne s'attache à porter les deux bracelets en même temps.

## Comment présenter le bracelet à notre enfant

La façon de présenter le bracelet à notre petite fait la différence. Même si l'envie nous démange, ce n'est pas quelque chose que nous pourrons lui fourrer dans les mains au moment où elle sanglote éperdument, juste avant de lui tourner le dos et de la quitter. Avec un début pareil, nous risquons de créer un ressenti négatif contre le bracelet et il ne servira plus jamais à rien. À nous de jouer : il nous faut plonger le bracelet dans la « magie » de notre amour avant qu'elle ne parte avec au poignet.

Calme, tendresse et décontraction seront nos meilleurs alliés lors de la présentation du bracelet. Ensuite, nous aurons peut-être encore quelques jours de séparations déchirantes à vivre, mais mieux vaut prendre le temps d'aider l'enfant à s'habituer à l'idée, plutôt que de le lui imposer dans la précipitation au mauvais moment, et détruire ainsi toute opportunité d'utiliser ce merveilleux petit remède.

Choisissons le jour où tout le monde est de bonne humeur et où nous nous sentons connectés l'un à l'autre. Pourquoi ne pas l'emballer et le lui présenter comme un cadeau très spécial ?

En fonction de la personnalité de notre enfant et de nos habitudes familiales autour des œufs de Pâques, du père Noël, de la petite souris, à nous de décider si nous voulons attribuer une « magie » à notre bracelet ou tout simplement le lui confier comme un outil pour l'aider à avoir confiance et faciliter nos séparations. Voici deux scénarios nous montrant comment des parents différents ont expliqué leur cadeau à leur enfant :

***Le Bracelet vraiment Magique***

« Ta Maman a quelque chose pour toi, quelque chose de très spécial. Voici un bracelet magique et il est pour toi. Ce bracelet t'aidera tous les jours à te sentir mieux à la crèche. C'est comme si tu portais sur toi une toute petite Maman, toujours avec toi. Le bracelet contient des câlins et des bisous et plein de je t'aime. Chaque fois que tu en auras besoin, tu les auras juste là à ton poignet. Il suffit que tu regardes le bracelet ou que tu le touches et tu te sentiras mieux. Tu veux l'essayer ? » (Le parent enfile le bracelet avec douceur et tendresse au poignet de son enfant, puis dépose bisous et caresses dessus, prend le bras côté bracelet de l'enfant, le serre contre lui pour un dernier câlin.)

***Le Bracelet qui augmente la confiance***

« Je sais que c'est dur pour toi le matin quand je te laisse à l'école. Alors je vais te donner quelque chose de très spécial et je pense que ça t'aidera beaucoup. Cela s'appelle un Bracelet Magique, parce qu'il aide les enfants à se sentir mieux quand ils sont loin de chez eux. Je t'aime tout le temps, même quand on n'est pas ensemble. Ton bracelet t'aidera à te rappeler que même quand je ne suis pas avec toi, je t'aime. Il suffit que tu le regardes ou que tu le touches et tu te sentiras mieux. Tu veux l'essayer ? » (Le parent embrasse le bracelet, le caresse et l'accroche tendrement au poignet de l'enfant.)

## Autres conseils pour présenter l'idée du Bracelet

Chaque enfant est unique et nous sommes les mieux placés pour connaître notre petit. L'un des deux scénarios précédents lui conviendra peut-être à merveille, à moins que nous n'ayons besoin de préparer l'instant où nous lui donnerons le bracelet. J'ai compilé ici une série d'idées ayant fonctionné pour d'autres parents. Prenons notre temps, étudions-les, pensons-y, puis nous pourrons nous organiser avant de nous lancer.

### *Le mien, le tien*

Certains enfants sont de grands imitateurs des faits et gestes de leurs parents. Si c'est le cas du nôtre, l'idée du bracelet s'installera peut-être plus naturellement s'il voit que c'est un objet porté par son Papa ou sa Maman. Affichons visiblement le bracelet à notre poignet pendant quelques jours, il l'associera à nous. Une fois que le bracelet est identifié comme le nôtre, étant littéralement une partie de nous, proposons de lui mettre au poignet quand il quitte la maison. Comme l'objet « vient de nous », que notre enfant l'a repéré comme inséparable de nous, il peut lui transmettre un sentiment fort de sécurité et l'aider à se sentir chez lui partout. Si nous utilisons le même parfum tous les jours, nous pouvons en vaporiser un peu sur le bracelet le matin et ainsi aider l'enfant à penser à nous.

---

**La parole aux mères**

Gracie adore tout ce qui est à moi. Elle aime porter mes écharpes, mes chaussures, mes bijoux, et elle se promène avec mon sac à main partout dans la maison. J'ai donc porté moi-même le bracelet, et de manière bien visible pour Gracie, pendant tout un week-end. Quand je le lui ai offert le lundi matin suivant, elle était aux anges ! Parce que c'était le mien, elle l'a couvé

comme un trésor. C'est devenu l'amulette parfaite pour la calmer tous les matins.
Erika, mère de Gracie, quatre ans.

---

***Un messager du bonheur***

Avec certains enfants, il sera plus efficace de commencer par associer le port du bracelet à des moments où ils sont heureux : lors d'une journée à la maison pendant laquelle nous avons plus de temps pour jouer, ou lors d'une sortie spéciale en famille, une journée au parc, par exemple. Nous pouvons aussi commencer par enfiler le bracelet au poignet de notre bambin pendant nos temps de lecture ou de câlin, avant de le lui mettre lorsqu'il s'aventure hors de la maison. Une fois le bracelet associé à des moments heureux où l'enfant s'est senti en sécurité, en famille, il pourra le réconforter à l'extérieur.

## Mode d'emploi du Bracelet Magique

Il est utile de conserver le Bracelet Magique de notre enfant dans un endroit sûr, bien identifié, pour être certain de le trouver en cas de besoin. N'hésitons pas à lui attribuer un crochet ou une étagère près de la porte d'entrée et d'habituer notre enfant à l'y déposer chaque fois qu'il rentre, pour l'y reprendre chaque fois qu'il sort.

Si nous conduisons notre enfant à l'école, notre voiture sera l'endroit parfait pour y ranger le bracelet.

L'enfiler à son poignet, le retirer : autant de gestes qui pourront s'intégrer au rituel de départ et à celui des retrouvailles quotidiennes.

En créant un rituel spécifique juste pour enfiler le bracelet, nous pouvons en renforcer l'effet : par exemple, une fois qu'il est au bras de l'enfant, en déposant un bisou dessus et en prononçant une « formule magique » de notre cru.

## La formule magique

Que nous ayons choisi de donner des pouvoirs magiques au bracelet ou plus simplement de l'offrir comme outil pour aider notre enfant à avoir confiance, nous pouvons inventer une formule que nous prononcerons chaque fois que nous lui mettrons le bracelet au poignet. Ces mots deviendront partie intégrante du rituel et en renforceront la puissance.

---

**La parole aux pères**

La première fois que j'ai mis le bracelet au bras d'Emerson, j'ai agité mon stylo dessus, comme s'il s'agissait d'une baguette magique, et j'ai baragouiné quelques mots magiques sortis de mon imagination. Depuis, il faut que j'agite mon stylo et que je répète les mots magiques à chaque fois !

Tim, père d'Emerson, cinq ans.

---

Attention à ce que notre phrase reste courte et simple, parce qu'elle peut devenir la formule rapide murmurée à l'oreille de notre petit à chaque séparation. Souvent, cette formule reste longtemps en usage, même après avoir remisé le bracelet dans un tiroir, une fois qu'un effleurement du poignet de notre enfant suffit pour le ramener à une sensation de calme et de tranquillité.

Nous pouvons dire les mots magiques à l'enfant, ou nous pouvons les réciter ensemble. Voici quelques exemples de formules créées par des parents pour y trouver inspiration :

« Je mets plein de câlins à garder pour la journée. Amuse-toi bien ! »

« Rappelle-toi, avec ton Bracelet Magique, c'est comme si Maman était à l'école avec toi. Touche-le chaque fois que tu veux un câlin ! »

« Mon Brac'let Magiqu' à moi,
Plein d'câlins de mon Papa,
Je le porte toute la journée,
Pendant qu'il va travailler. »

« Mon Bracelet Magique
En bisou massif,
Je le regarde et je souris,
Maman m'aime, Papa aussi. »

## Le rituel du rangement

Autre bonne idée : créer une routine spécifique pour le moment où nous retirons le bracelet et le rangeons une fois de retour à la maison, afin de bien associer le bracelet aux séparations, et uniquement à ces moments-là. Il n'y a rien de pire que de découvrir que le bracelet est introuvable juste au moment de franchir le seuil de la porte pour la crèche ou l'école ! (Si jamais cela arrive, c'est là que le bracelet de secours prend tout son sens ! Mieux vaut toujours en avoir un d'avance, dans une cachette sûre, au cas où.)

Une fois que notre enfant compte sur son bracelet pour passer une bonne journée, l'objet prend de l'importance. S'il le perd, la journée risque de mal commencer pour lui. Il nous arrivera peut-être un jour d'avoir à retourner à la crèche ou à l'école pour y livrer un bracelet oublié… Ne soyons pas surpris !

## Quand utiliser le Bracelet Magique

Nous pouvons utiliser le Bracelet Magique à chaque séparation, que ce soit l'enfant ou nous qui quittions le domicile. Voici quelques exemples de situations où le Bracelet Magique peut l'aider :

- À la crèche.
- À l'école.
- Lorsqu'un baby-sitter vient le garder.

- En halte-garderie.
- En cas de séjour à l'hôpital.
- S'il part en classe verte ou en colonie de vacances.
- S'il est invité à un anniversaire ou juste à jouer chez un ami.
- S'il dort chez un ami.
- Pendant que nous rendons visite à notre famille.
- Lorsque nous partons en voyage d'affaires.
- Si nous avons divorcé de son autre parent et que l'enfant habite dans deux maisons.
- Pendant la sieste.
- Pour l'aider à dormir la nuit.

## Sevrer notre enfant de son Bracelet Magique

Chaque enfant croit de manière différente au pouvoir de son bracelet et cesse à sa façon d'en avoir besoin. Il s'agit rarement d'un événement facile à dater. D'habitude, l'objet perd graduellement de son importance. Comme le bracelet ne se remarque pas et se porte facilement, il n'y a pas d'urgence à le persuader de cesser de le porter. Si possible, laissons faire et le lien qui l'unit à son bracelet passera progressivement à l'arrière-plan, à son rythme.

Notre petite commencera par «oublier» de nous le demander, ou nous annoncera qu'elle n'en a pas besoin ce matin. Si cela se produit, n'hésitons pas à le placer quand même dans son sac à dos, de manière à ce qu'elle l'ait encore avec elle, mais plus sur elle. De cette manière, si elle change d'avis, traverse un moment difficile ou se rappelle d'un coup son oubli, elle pourra toujours le remettre.

Quand le bracelet est « oublié » plus de fois qu'il n'est porté, ou s'il s'installe pour de bon au fond du sac à dos et n'en bouge plus, nous comprendrons que notre enfant est passé à une autre étape et n'a plus besoin de ses pouvoirs. Cela dit, autant le ranger dans un endroit sûr, car il peut encore servir en cas de besoin. Notre enfant sera peut-être confrontée à de nouveaux problèmes de séparations : la première fois qu'elle ira dormir chez une amie, par exemple, ou si jamais elle doit rester à l'hôpital, ou pour toute autre transition difficile pour elle. Si le bracelet a fonctionné pendant un temps, alors il est très probable qu'il pourra de nouveau servir au besoin. Dans tous les cas, il restera un merveilleux souvenir pour tous les deux, pour nous rappeler cette étape de son développement.

# 4. Solutions sans larmes pour les enfants en âge scolaire, de trois à six ans

Quand les enfants quittent la petite enfance, leur monde s'élargit. À chacune de leurs expériences, ils s'éloignent un peu plus de leurs parents et du cocon familial. C'est un défi : d'un côté, leur indépendance naissante les attire dehors, de l'autre, leur manque de confiance et d'assurance les ramène chez eux. Ils augmentent leur autonomie par à-coups, souvent après des périodes de régression en territoire plus sûr. Un processus de maturation normal ne ressemble pas à la trajectoire d'une flèche, mais à une vague qui roule, s'écrase sur un rocher, le temps d'un pic d'anxiété de séparation, et se retire pour mieux déferler de nouveau, et ce jusqu'à l'âge adulte.

Chaque enfant est unique, la combinaison gagnante pour contrecarrer son anxiété de séparation aussi. Le Bracelet Magique peut aider de nombreux enfants. Mais pour certains, cela ne suffira pas et il leur faudra d'autres remèdes pour les accompagner en période de transition. Dans cette section, nous découvrirons une série d'idées à utiliser soit avec le Bracelet Magique, soit indépendamment.

Personne ne connaît aussi bien notre petit que nous. Après avoir découvert les suggestions qui suivent, à nous de retenir celles qui formeront un bon programme pour lui. Ne nous inquiétons pas si la situation ne s'arrange pas à la perfection tout de suite : relisons les propositions, modifions notre stratégie. Avec le temps, nous trouverons la bonne combinaison de solutions pour aider notre enfant à se sentir bien lorsqu'il s'éloigne de nous et à prendre confiance dans le vaste monde.

## Jouer des jeux de séparation

On peut réduire le stress lié aux séparations en les pratiquant de manière informelle, « pour de faux ». Cela aide à les rendre moins intimidantes. N'importe quel jeu incluant une séparation fera l'affaire : cache-cache, par exemple, à la maison, au parc, sur l'aire de jeu. Les chasses au trésor sont aussi un excellent choix : l'enfant cherche des énigmes dans la maison et dans le jardin, les résout jusqu'à découvrir la surprise finale. Nous pouvons augmenter l'attrait de la chasse en dissimulant de petits cadeaux entre les indices. Pour maximiser les occasions de séparation offertes par ce jeu, ne bougeons pas de notre poste, la cuisine par exemple, et laissons l'enfant errer partout pendant qu'il « chasse ». Il peut siffler, ou crier eurêka à chaque indice trouvé, nous l'encouragerons à distance.

## Prévenir l'enfant

Quand nous décrivons à notre enfant une séparation future en l'anticipant, nous l'aidons à éliminer les peurs qu'il risque de se créer sur la base de spéculations puis nourrir ensuite avec son imaginaire. Par exemple, si nous partons faire des courses et laissons notre fille avec ses grands-parents, expliquons-lui où nous allons, ce qu'elle fera pendant notre absence, et à quel moment nous reviendrons.

Quand nous la prévenons, ne lésinons pas sur les détails, il est important de relater précisément tout ce à quoi elle peut s'attendre. Les enfants souffrant d'anxiété ont souvent peur de l'inconnu. Si la séparation arrive d'un coup, sans préavis, ou si les choses ne se passent pas comme prévu, alors ils s'inquiètent et anticipent d'autres mauvaises surprises.

Les petits adorent se réjouir à l'avance pour tout événement positif dans leurs vies. C'est pourquoi, lorsqu'une séparation est imminente, il est préférable de leur en parler de manière détendue et encourageante. Sans pour autant commencer trop tôt : en fonction de l'âge de notre enfant et de l'importance de l'événement, nous pouvons l'avertir quelques jours plus tôt, voire une semaine.

Expliquons-lui ce qui se passera, mais assurons-nous de lui transmettre tous les détails en plusieurs petites conversations. Si nous nous sentons solides sur le plan émotionnel pendant ces échanges, ces derniers seront plus efficaces : il est important de se dire que l'enfant ira bien pendant la séparation. Nous ne sommes pas obligés de parler de ses peurs ou de ses doutes, mieux vaut attendre qu'il les aborde lui-même. S'il le fait, accueillons ses sentiments sans en renforcer la portée. Continuons à lui donner des détails très précis sur l'événement à venir. Ce faisant, nous l'aidons à imaginer concrètement comment les choses se dérouleront.

## Planifier les retrouvailles et le lui rappeler

Quand nous partons, notre petite se demande quand nous reviendrons. Inutile de jouer à la devinette avec elle, cela ne ferait qu'augmenter son inquiétude. Une courte phrase décrivant nos retrouvailles futures l'aidera énormément. Autant associer notre retour à un autre événement plutôt que de lui annoncer une heure limite, et ce pour deux raisons : d'abord, si nous sommes un peu en retard, lui avoir donné une heure précise peut se retourner contre nous ; en désignant un moment plutôt qu'une heure fixe, nous gagnons en flexibilité. Ensuite, associer notre retour à un événement permet à notre enfant de mieux prévoir le déroulement de sa journée. Par exemple, nous pouvons lui dire : « Je rentrerai à la maison après ta sieste » ou « Je serai dehors à t'attendre à la sonnerie de la sortie de l'école. »

Une fois réunis, évoquons notre engagement : « Tu vois, je suis rentré à la maison juste après ta sieste, comme je te l'avais dit. » Ce rappel construit de la confiance en prévision de notre prochaine séparation.

Lorsque notre enfant traverse un pic d'anxiété de séparation, la ponctualité devient un impératif. En cas de retard, même de quelques minutes, débrouillons-nous pour téléphoner et la faire prévenir que nous sommes en route. Cela la rassurera sur notre arrivée imminente.

## À son âge, l'anxiété est normale

L'anxiété de séparation est une émotion normale, biologiquement nécessaire. Elle signe l'amour intense et l'attachement de l'enfant à notre égard. L'enfant ne peut pas la contrôler et ne fait pas une crise juste pour nous embêter. C'est un stade de son développement et, avec le temps, il le dépassera. Nous pouvons accompagner ce processus de maturation en prenant des mesures pour l'aider.

Quand ils éprouvent de l'anxiété de séparation, les petits n'arrivent pas à mettre des mots sur leur ressenti : ils savent seulement qu'ils ne se sentent pas bien. Ils expriment leur malaise de bien des manières différentes, conduisant parfois les adultes non sensibilisés au problème à qualifier leur comportement d'inacceptable ou d'irrespectueux.

Un enfant pénible, inflexible ou pris d'une crise de rage éléphantesque peut mettre à distance l'adulte auquel il cherche désespérément à s'attacher.

---

**La parole aux professionnels**
Chez les enfants, l'anxiété se traduit parfois par des actes de défi, de rébellion, ou par de l'entêtement. En fait, ils sont juste en mode panique parce qu'ils ont peur.
Mark Crawford, médecin, psychologue clinicien.

---

## Lui laisser le temps

Balancer un enfant tête la première dans une situation qui le rend nerveux ou le jeter à l'eau pour lui apprendre à nager, cela revient au même. Il est important de ne pas forcer un enfant à s'éloigner trop loin de sa zone de sécurité, mais de l'autoriser plutôt à observer la situation, et à la maîtriser petit à petit, à chaque opportunité. En le laissant analyser les tenants et les aboutissants en restant « au sec », il arrivera à trouver sa place. Pour alléger son stress, n'hésitons pas à lui dire qu'il peut s'asseoir et regarder aussi longtemps qu'il le souhaite avant de « plonger ». De nombreux enfants se détendent s'ils ont la permission de prendre leur temps avant de s'impliquer dans une nouvelle situation. Une fois apaisés, ils sont mieux disposés à repousser leurs limites.

## Présenter les nouvelles personnes par étapes

Avons-nous déjà essayé, quand nous lui présentons quelqu'un, de tenir la main à notre enfant, ou de poser notre bras sur ses épaules, sans exiger de lui plus qu'un bonjour ? Ce n'est pas le bon moment pour lui demander d'engager la conversation avec le nouvel arrivant ou de répondre à des questions difficiles. S'il est visiblement en souffrance face au nouveau venu, nous avons le droit de prendre la parole à sa place. En ne le sommant pas de participer aux échanges, en le sécurisant par notre contact, nous l'aidons à se sentir plus à l'aise, à gagner en confiance.

## Expliquer avec des histoires

Certains enfants se détendront plus facilement si nous les préparons à une séparation future de manière indirecte, en plaçant les feux des projecteurs non sur leur propre participation à l'événement, mais sur celle d'un personnage fictif : c'est une façon de les aider à envisager la scène avec une perspective différente. Pour commencer, choisissons un de ses personnages préférés et, dans le contexte de la situation à laquelle il sera confronté, plaçons ce personnage au centre de l'action. Par exemple, Bob l'Éponge part rendre visite à sa tante et passe la nuit chez elle. De cette façon, notre enfant s'habitue aux circonstances et les imagine du point de vue de quelqu'un d'autre avant de devoir les affronter lui-même. N'hésitons pas à répéter l'histoire plusieurs fois pendant une semaine ou deux avant l'événement réel prévu pour lui : quand ce sera son tour, tout lui semblera plus familier.

## Organiser une répétition générale

Un enfant doté d'une imagination fertile et aimant « faire semblant » dispose d'un mécanisme prêt à l'emploi pour se préparer à un événement. Plusieurs fois avant le jour J, simulons avec lui la situation dans laquelle il sera plongé. Par exemple, si nous laissons notre fils une nuit avec une baby-sitter, déguisons-nous en baby-sitter (un chapeau, une écharpe, des lunettes de soleil feront l'affaire), et amusons-nous à jouer la scène à venir dans la joie et la bonne humeur. Collons au plus près de ce qui se passera vraiment : nous sonnons à la porte, entrons, saluons, voyons les détails de la soirée avec les parents imaginaires, puis nous disons au revoir à ces parents fictifs. Une fois ces derniers partis, nous continuons à interpréter notre rôle de baby-sitter en initiant une activité qui pourrait avoir lieu, puis préparons un repas avec les mêmes ingrédients que ceux que nous fournirons à la vraie baby-sitter.

## Avancer à pas de fourmis

Plutôt que de concentrer notre attention sur l'avènement futur d'une séparation longue durée, donnons à notre enfant l'opportunité d'avancer à petits pas vers l'indépendance. Par exemple, si nous emmenons notre fille au parc où elle a l'habitude d'aller, dès qu'elle a commencé une activité, écartons-nous un peu, asseyons-nous sur un banc, lisons un livre. De temps en temps, échangeons avec elle, si nécessaire, d'un geste de la main ou au moyen d'un commentaire : « Waouh ! Tu te balances très haut ! » Mais si elle ne nous sollicite pas pour être rassurée, tentons de ne rien faire : l'objectif est de la soutenir dans ses capacités à se sentir en confiance lorsqu'elle est loin de nous.

## Le calmer avec un gri-gri

Parfois, il est possible d'apaiser un enfant anxieux en lui offrant quelque chose à caresser ou à presser pour qu'il libère sa nervosité. Pourquoi ne pas essayer de mettre entre ses mains un animal en peluche miniature, une amulette, ou une balle antistress ? Nous pouvons aussi lui donner quelque chose nous appartenant, un vieux porte-clés ou une écharpe douce. Avant de nous séparer, embrassons l'amulette, serrons-la contre nous puis plaçons-la dans la poche de l'enfant. Expliquons-lui qu'il peut la toucher quand il veut et sentir l'amour que nous y avons déposé. L'idée ressemble à celle du Bracelet Magique décrite au chapitre 3, sur la base d'un objet légèrement différent, utilisé un peu autrement.

## Planifier des visites découvertes

Quelques jours avant de laisser notre enfant à l'école, à la crèche ou chez une nounou, nous pouvons l'emmener découvrir les lieux, y jeter un coup d'œil. Nous présentons l'enfant aux adultes, lui montrons son portemanteau, l'encourageons à jouer. Pendant nos déambulations dans les bâtiments, soyons attentifs à ne pas nous tenir constamment auprès de lui : en nous éloignant de temps en temps, nous lui offrons la possibilité de sentir comment ça se passera sans notre présence à ses côtés. Plus tard, une fois rentrés à la maison, c'est le moment de reparler de cette expérience, en soulignant combien nous l'avons vu bien se débrouiller, en lui rappelant les temps forts de sa visite et les choses intéressantes qu'il a vues. Nous pouvons lui dire que nous sommes sûrs qu'il s'amusera la prochaine fois qu'il y retournera.

## Créer une routine spécifique aux départs

Si notre petit est amené à passer régulièrement du temps à la crèche, à l'école, ou ailleurs, installer une routine précisant les différentes phases de la séparation sera d'une grande aide. Nous pouvons concevoir un poster pour détailler cette routine matinale, en collant des photos ou avec des dessins illustrant chaque étape. Suivons systématiquement notre programme, toujours de la même manière, pour nous installer confortablement dans un train-train quotidien.

Pour plus d'efficacité, nous pouvons ajouter une façon secrète de nous serrer la main, inventer notre propre phrase d'adieu, ou personnaliser toute autre partie du rituel, et ainsi renforcer notre lien avec l'enfant avant les séparations. Cela devrait l'aider à accepter notre départ. De plus, l'enchaînement routinier des événements la rassure, lui indiquant que tout est normal, lui rappelant que nous serons bientôt de nouveau réunis.

---

**La parole aux mères**

Tous les matins, quand je pars travailler, Logan a une façon bien à lui de me dire au revoir. Devant la porte, il m'apporte mes clés, puis mes chaussures. Je me chausse, je prends les clés et le remercie de son aide. Puis on se fait un gros câlin, un chatouillis, et quelques bisous. Si jamais j'oublie un morceau quelconque de cet enchaînement, c'est comme si je l'empêchais de démarrer sa journée.

Laura, mère de Logan, trois ans.

---

## Ne pas semer de graines de souci

Parfois, en essayant de rassurer nos enfants, nous augmentons sans le savoir leur tourment. Des phrases telles que : « Ne t'inquiète pas », « Je ne serai pas loin si tu as besoin de moi » ou « Tout ira bien » ne sont pas aussi réconfortantes que nous le pensons. Pour de nombreux petits, si nous nous préoccupons de leur inquiétude, nous sous-entendons qu'ils ont de bonnes raisons de s'en faire. Leur mettre en tête qu'ils pourraient avoir besoin de nous appeler à l'aide peut allumer un signal d'alarme chez certains : *Vais-je m'inquiéter ? Vais-je avoir besoin d'être secouru ?*

Au lieu de semer des graines de doute, cultivons les remarques positives et communiquons à notre enfant l'idée que ce qu'il s'apprête à faire, ce n'est pas le bout du monde : il va même s'amuser. Par exemple, quand notre fille part pour un anniversaire, nous lui disons au revoir avec le sourire et nous nous quittons sur une note positive annonçant un bon moment : « Éclate-toi bien avec les ballons gonflables ! Tu me raconteras tout quand je reviendrai te chercher. »

## Créer une routine spécifique pour les retrouvailles

La routine des retrouvailles consolide le sentiment de sécurité et la mémoire corporelle implicite sur lesquels notre enfant élabore ses schémas de pensées. Dire et faire exactement la même chose à toutes nos retrouvailles donne de la sécurité. Utilisons la même phrase, inventons une façon spéciale de nous serrer la main, ou enlaçons notre petit d'une manière particulière. Si l'heure s'y prête, nous pouvons apporter un goûter qu'il aura plaisir à recevoir chaque jour. Donnons-lui cent pour cent de notre attention et un plein contact yeux dans les yeux pendant que nous le récupérons. Ainsi, les retrouvailles deviennent une fête qu'il attendra avec impatience.

---

**Point clé**

Rituel du matin, du déjeuner, des séparations, des retrouvailles, du coucher : toutes les routines créées pour les moments critiques de leur journée sont des sanctuaires pour les enfants.

---

## Lui lire des livres

Il existe de multiples livres racontant l'histoire d'enfants allant à la crèche, à la maternelle ou chez une nounou, ou celle de parents partant au travail ou en voyage. Ces histoires donnent aux enfants un aperçu moins subjectif, plus décontracté, des situations auxquelles ils seront confrontés. Un lecteur en herbe peut apprendre beaucoup de choses par le biais de personnages vivant la même chose que lui. Assurons-nous que les livres conviennent à ses besoins en les parcourant au préalable. Nous les partagerons ensuite avec lui pour l'accoutumer à ce qui l'attend.

## Lui donner une photo de nous

De nombreux enfants sont réconfortés s'ils ont accès à une photo de leurs parents ou de leur fratrie quand ils se sentent tristes. La photo évoque leur foyer et la sécurité. Plaçons-en une ou deux dans un petit portefeuille ou dans un médaillon et notre petite nous emportera partout avec elle.

## Lui dessiner un smiley

Si notre enfant rechigne à se séparer de nous, nous pouvons lui dessiner un smiley sur sa main au moyen d'un feutre indélébile. Ajoutons des cheveux semblables aux nôtres et des lunettes si nous en portons. À nous d'expliquer que c'est comme si notre petit avait une mini-Maman ou un mini-Papa pour toute sa journée. La plupart des enfants sont tellement impressionnés de nous voir gribouiller sur leur main que les rires provoqués par le croquis suffisent à le rendre vraiment spécial.

## Accueillir leurs émotions

Il est préférable que les enfants sachent qu'il est normal d'être triste quand quelqu'un nous manque. En même temps, il faut leur faire remarquer que malgré leur chagrin, ils ont le droit de s'amuser. Reconnaître les sentiments de l'enfant l'aide à les comprendre et à les accepter.

Une fois que nous avons accueilli ses émotions, nous pouvons passer à l'étape suivante : le rassurer sur le fait qu'il est capable d'apprendre à compartimenter ses sentiments pour les faire cohabiter avec des émotions plus paisibles et continuer à s'amuser. Ce processus est important. Il permet à l'enfant de se savoir normal, un vrai soulagement pour lui s'il se croit seul à souffrir d'anxiété. Après l'avoir consolé, nous pouvons orienter son attention vers une activité ludique.

Voici des exemples de déclarations réconfortantes rassemblées auprès des parents du groupe test :

« Je vois que tu es un peu nerveuse à l'idée de te joindre aux autres. C'est normal, rencontrer des gens nouveaux angoisse de nombreux enfants. Voyons voir, qui connais-tu ?... Regarde ! Je reconnais Trenton. Et si tu allais lui montrer ta nouvelle montre ? »

« Je sais que c'est dur pour toi de laisser Maman partir pour toute la journée. C'est parce que nous nous aimons et nous aimons être ensemble. Cette semaine se passera comme la semaine dernière : à la crèche tu auras plein d'activités rigolotes. Je serai là quand tu rentreras à la maison et tu pourras me raconter ta journée. »

Ne laissons pas l'inquiétude de notre enfant se transformer en peur généralisée. Notre fille n'est pas à l'aise dans un lieu qu'elle découvre ou face à une nouvelle personne : c'est bien normal. Mais en nous efforçant de la tranquilliser, il est possible que nous renforcions ses craintes sans le vouloir. Évitons de dire des choses comme : « Tu n'as aucune raison d'avoir peur » ou « Pourquoi as-tu peur ? », parce que la peur n'est peut-être pas l'émotion ressentie. Et du coup, l'enfant y penserait. Essayons plutôt de nous cantonner à des généralités : « C'est normal que tu hésites. C'est nouveau. Je parie que tu vas t'amuser ! »

## Surveiller ses horaires de repas et de sommeil

Les enfants fatigués, ayant faim ou ne mangeant pas équilibré, voient leurs systèmes biologiques altérés. Ils sont envahis d'émotions plus volatiles et risquent donc davantage de souffrir d'anxiété de séparation.

Le régime alimentaire d'un petit doit lui fournir le carburant nécessaire pour stabiliser le taux de sucre dans son sang et le niveau de son énergie. Il doit aussi lui procurer les nutriments dont son corps et son esprit ont besoin.

---

**La parole aux professionnels**
Certains facteurs physiologiques, tels que le sommeil, la stimulation, la nourriture, provoquent des réactions

anxieuses. Les enfants qui ne dorment pas assez, qui mangent trop de barres chocolatées ou autres sucreries, qui boivent des boissons caféinées seront plus facilement perturbés que les autres.
Docteurs John S. Dacey et Lisa B. Fiore, auteurs de *L'Enfant anxieux : comment les parents et les professeurs peuvent soulager l'anxiété des enfants*[1].

---

Un enfant a besoin de suffisamment de sommeil chaque nuit et de faire les siestes appropriées à son âge. Son temps de sommeil est un facteur clé de sa santé et de son bien-être. Une heure de bon sommeil en moins suffit à affecter son cerveau et à augmenter sa fatigue. Il risque d'être plus sujet aux émotions négatives comme l'anxiété.

Les heures de sommeil ne sont pas le seul critère influençant son humeur et son comportement : il faut aussi s'intéresser à la durée totale de ses périodes d'éveil. Si celles-ci s'étirent au-delà de ce que réclame son horloge biologique, sans pause, notre bambin s'épuise, devient turbulent, malheureux et nous colle davantage pour regagner un sentiment de sécurité.

Dans la journée, l'enfant a physiologiquement besoin d'une sieste pour récupérer. S'il ne la fait pas, le problème s'accentue : ses grommellements et ses tremblements laissent la place à une véritable éruption. Les scientifiques

1. *Your Anxious Child: How Parents and Teachers Can Relieve Anxiety in Children*, éditions Jossey Bass, 2002. Livre non traduit en français.

ont baptisé ce processus la « pression homéostatique du sommeil ». Je l'appelle « l'effet volcan », parce que nous sommes clairement face à un volcan en éruption. Sans sieste, la pression augmente, s'intensifie dans le « volcan », tant et si bien que l'enfant s'épuise et n'arrive pas à s'empêcher d'exploser. Ses diverses émotions s'expriment plus violemment, y compris l'anxiété de séparation.

Le tableau suivant indique les besoins en heures de sommeil. Tous les enfants sont différents et certains auront besoin de moins (ou de plus) de sommeil, mais les besoins de la grande majorité d'entre eux tombent dans ces fourchettes.

**Le sommeil en chiffres : nombre d'heures de sieste moyen, nombre d'heures de sommeil moyen par nuit, durée des périodes d'éveil***

| Âge | Nombre de siestes | Total des heures de sieste | Période d'éveil supportable | Total des heures de sommeil par nuit* | Total des heures de sommeil par 24 h** |
|---|---|---|---|---|---|
| 6 mois | 2-3 | 3-4 | 2-3 | 10-11 | 14-15 |
| 9 mois | 2 | 2½-4 | 2-4 | 11-12 | 14 |
| 1 an | 1-2 | 2-3 | 3-4 | 11½-12 | 13½-14 |
| 2 ans | 1 | 1½-3 | 5-6½ | 11-12 | 13-13½ |
| 3 ans | 1 | 1-2 | 6-8 | 11-11½ | 12-13 |
| 4 ans | 0-1 | 0-2 | 6-12 | 11-11½ | 11½-12½ |
| 5 ans | 0-1 | 0-2 | 6-12 | 11 | 11-12 |
| 6 ans | 0-1 | 0-2 | 6-13 | 10½-11 | 10-11 |

*Ces moyennes ne représentent pas nécessairement des périodes de sommeil continu : un bref réveil entre les cycles de sommeil est normal.

**Le total des heures de sieste plus le total des heures de sommeil par nuit ne correspond pas forcément au total indiqué ici : quand les enfants font des siestes longues, il est possible qu'ils dorment moins la nuit, et vice versa.

## Faciliter la séparation à l'heure du coucher

Pour réduire l'anxiété de séparation à l'heure du coucher, rien de tel que de suivre une routine bien spécifique. Nous pouvons la résumer en un tableau, avec des dessins illustrant chaque étape, des photos ou des images découpées dans des magazines. Suivons chaque soir le programme précisément comme nous l'avons écrit, jusqu'aux « J'éteins la lumière », « Je ferme les yeux » et « Je dors. » Assurons-nous d'en faire une période de relaxation, ne la précipitons pas. Si la routine est prévisible, notre enfant se l'appropriera.

S'il se réveille au milieu de la nuit, nous pouvons aussi réduire son anxiété en installant une autre petite routine spécifique. Si nous l'autorisons *parfois* à venir dans notre lit, ou restons *parfois* avec lui dans son lit, ou exigeons *parfois* qu'il dorme seul, nous ajoutons stress et confusion à son anxiété. Il est utile de créer un rituel propre aux réveils de nuit et de nous y tenir le plus systématiquement possible. Pour plus de solutions concernant le problème de l'anxiété de séparation liée au sommeil, voir le chapitre 5.

## Prévoir des moments de « décompression »

Un enfant que l'on bouscule d'un lieu à un autre, de la crèche ou de l'école au supermarché, puis du supermarché à une autre activité, aura tendance à être globalement plus anxieux. Pour l'aider à se maîtriser, laissons-lui chaque jour du « temps libre » où il n'a « rien à faire ». Ces moments de détente lui apporteront beaucoup et l'aideront à développer un calme intérieur, au même titre que la méditation ou le yoga pour les adultes. Plus l'enfant est capable d'invoquer sa paix intérieure, moins il risque de succomber à l'anxiété.

---

**La parole aux mères**

Merci de m'avoir rappelé qu'il fallait réserver un peu de temps mort dans nos journées. Je me suis rendu compte que je courais du matin au soir d'un endroit à un autre, puis ailleurs, et encore ailleurs, pour le plus grand effarement de mon plus jeune. Voilà pourquoi, quand il arrivait à m'attraper, il ne me lâchait plus !

Rachel, mère de Kate, huit ans, Grayson, six ans, et d'Oliver, trois ans.

---

## Organiser des visites régulières avec ses meilleurs amis

S'ils passent beaucoup de temps à l'école ou à la crèche, les enfants souffriront moins de nostalgie de la maison en y retrouvant des amis familiers avec lesquels se connecter. Nous pouvons inviter un ou deux copains de l'école ou de la crèche à venir jouer. Quelqu'un de l'école qui vient à la maison tisse un lien supplémentaire entre les deux lieux.

**Point clé**
L'amitié d'autres enfants apaise sa peine lorsqu'il est séparé de nous.

## Donner du jeu à la routine du matin

Si, tous les matins, notre enfant a du mal à partir pour la crèche ou pour l'école, veillons à remettre un peu de paix au commencement de la journée. Un petit évincé de son lit, pressé de s'habiller, poussé dehors, risquera davantage de résister et de demander à rester chez lui qu'un enfant autorisé à prendre son temps.

Nous pouvons par exemple préparer le plus de choses possible la veille au soir : sortir les vêtements, glisser le goûter dans son sac, dresser la table du petit déjeuner et prévoir de nous lever un peu plus tôt pour déjeuner tranquillement ensemble. En partant en avance pour la crèche ou pour l'école, nous gagnons de précieuses minutes pour le rituel de la séparation, ce qui tranquillise notre enfant avant de le quitter. Un démarrage en douceur le prédispose à mieux accepter la routine quotidienne.

## L'encourager à avoir des pensées positives

Souvent, les enfants anxieux ne peuvent pas s'empêcher de penser à ce qui les inquiète. Leur dialogue interne se fait de plus en plus négatif et rigide. Ils se persuadent littéralement du pire et sont de plus en plus anxieux. Pour les aider à sortir de cette rigidité de pensée, nous pouvons leur montrer comment générer des options, trouver des idées, s'ouvrir à différentes solutions dans d'autres domaines. Cela portera aussi ses fruits dans des situations anxiogènes.

Pour inciter un enfant à penser positif, attaquer frontalement ses idées négatives ou se fâcher de ses obsessions pessimistes n'est pas une méthode efficace. Le sommer d'arrêter provoque souvent l'entêtement de l'enfant : il mettra encore plus de force à nous convaincre qu'il a raison. Essayons plutôt de lui présenter de nouvelles idées positives sans juger ses pensées négatives. Encourageons-le à voir le bon côté des choses et à trouver des solutions à ses dilemmes. Quelques suggestions peuvent lui montrer la voie et le guider vers une approche plus optimiste de la vie.

Quand il s'inquiète, son monologue intérieur tourne probablement autour de désastres possibles : et si Maman oublie de venir me chercher ? Et si je me fais mal et si personne ne s'occupe de moi ? Et si quelque chose de terrible arrive à Papa pendant que je ne suis pas là ? Un enfant stressé peut se répéter ce type d'idées en boucle jusqu'à se laisser submerger par l'inquiétude et la peur. Les discours intérieurs négatifs démarrent tout seuls, mais ils s'intensifient rapidement et ils augmentent l'anxiété. Il faut du temps pour que l'enfant les remplace par des raisonnements positifs.

Dans un premier temps, nous pouvons l'aider en lui expliquant la différence entre les pensées et la réalité : ce n'est pas parce qu'il pense à quelque chose que cela va se produire. Pour cet enseignement, choisissons un moment où il est détendu. Prenons un exemple : penser à une vache ne la fera pas apparaître subitement dans la cuisine. Penser que l'on vole ne nous fait pas décoller et prendre de l'altitude. Ensuite, expliquons-lui que c'est pareil pour les peurs, les pensées du type : « Personne ne viendra me chercher après l'étude » ou « Ça va mal se passer à l'école. »

---

**La parole aux professionnels**
Quand un enfant anxieux se rigidifie sur ses pensées, il se rajoute des entraves supplémentaires qui l'empêcheront encore plus de se libérer de ses peurs.
Docteurs John S. Dacey et Lisa B. Fiore, auteurs de *L'Enfant anxieux : comment les parents et les professeurs peuvent soulager l'anxiété des enfants*[1].

---

Pour aider notre enfant à se rappeler ses pensées positives, nous pouvons imprimer des exemples de phrases sur de petites fiches, puis les placer dans ses poches, dans son cartable. Ce peut être des messages tels que :

- Maman vient toujours me chercher après l'école.
- Je peux le faire.

---

1. *Op. cit.*

- Tout va bien.
- Si je me sens mal, je respire à fond, je me détends, et je me sens mieux.

## Jouer à « Et si... »

Jouer à « Et si... » peut aider notre enfant à développer une pensée plus positive. L'objectif est de l'encourager à réfléchir à l'avance à tout ce qu'il peut faire si les choses ne se passent pas comme prévu. Anticiper ainsi les problèmes peut grandement réduire son stress et son anxiété.

Admettons par exemple que notre fille ait peur que nous ne venions pas la chercher après l'école. Commençons par lui expliquer d'une voix rassurante que c'est très peu probable et, que si cela devait arriver, tout irait bien, de toute façon. Puis jouons à « et si... » en explorant chaque inquiétude de l'enfant et en soulignant la suite la plus plausible des événements.

Pour faciliter le début du jeu, répondons aux questions en premier, puis répétons-les et laissons-la réagir à son tour. Après un peu d'entraînement, voici ce à quoi pourraient ressembler nos échanges :

Parent : Je sais que ça te fait peur que je ne sois pas là pour venir te chercher après l'école. Il est beaucoup plus sûr que je sois là et que tout ira bien. Mais on va jouer à « Et si... ». « Et si tu sors de l'école et que je ne suis pas là, que fais-tu ? »

Enfant : Je ne bouge pas et j'attends cinq minutes pour voir si tu es en retard.

Parent : Si tu attends cinq minutes et que je ne suis toujours pas là ?

Enfant : Je peux aller voir la directrice dans son bureau et lui demander de t'appeler.

Parent : S'il n'y a personne dans son bureau ?

Enfant : Je peux aller à l'étude et demander à la maîtresse qui surveille de t'appeler.

Parent : Si elle m'appelle, mais que je ne réponds pas au téléphone ?

Enfant : Je peux appeler Papa sur son portable.

Nous trouverons au rayon Enfance-Jeunesse de notre librairie ou de notre médiathèque bon nombre de livres qui mettent en œuvre cette démarche du « jouer à Et si… ». Pourquoi ne pas lire un de ces livres à notre petite avant de lui proposer de répondre au « et si… » à son tour ? C'est le jeu idéal pour l'inspirer, lui permettre d'envisager d'autres options et pour enraciner l'idée que, même si tout ne se passe pas exactement comme prévu, tout ira bien. Nous pouvons terminer en renouvelant notre assurance que tout cela n'était qu'un jeu, mais que, si cela devait arriver, alors elle serait prête.

## Offrons plus de choix

Pour donner à notre enfant un sentiment de maîtrise sur sa propre vie, on peut lui offrir quelques choix simples avant une séparation: « Quelle veste veux-tu mettre aujourd'hui ? » « Tu veux aller à l'école à pied ou à vélo ? » « Tu préfères deux bisous et un câlin, ou bien deux câlins et un bisou ? »

Quand c'est possible, donnons-lui de la latitude pour fixer l'heure et la durée de la séparation, proposons-lui de choisir son baby-sitter. Offrons-lui plusieurs options de lieu: par exemple, soit ses grands-parents viennent le garder chez lui, soit il se rend chez eux. Il sera plus ouvert à l'expérience s'il en organise lui-même diverses modalités.

---

**La parole aux mères**

Avant, on passait tous nos matins dans les pleurs et les plaintes. Maintenant, les matins sont l'occasion de toutes sortes de choix à faire, comme « Que met-on pour ton goûter? » « Quel T-shirt veux-tu porter ? » et « Tu as envie d'emmener ton livre à l'école aujourd'hui ? » Ces choix simples l'aident à avancer. Il en oublie presque de s'inquiéter !

Sofie, mère de Jakob, cinq ans.

---

## Maintenant ou jamais ?

Si une enfant n'est pas à l'aise pour une activité, aller jouer chez une copine, passer une journée au centre aéré ou fêter un anniversaire par exemple, elle peut préférer ne pas y aller. Dans la plupart des cas, ce n'est vraiment pas un problème. Elle aura bien d'autres occasions de s'amuser avec ses amis, de faire la fête et de participer à des sorties loin de chez elle. Certains petits timides déclineront les invitations et seront très contents, très satisfaits, de leur décision de rester à la maison. En général, avec un peu de temps, la plupart dépassent cette phase d'anxiété de séparation et enchaînent les expériences à l'extérieur.

Nous avons tout à fait le droit d'éviter les séparations pendant des pics d'anxiété. Nous respectons les sentiments de l'enfant et nous facilitons la tâche à toute la famille. Rien ne nous empêche de prendre notre temps, si nous le pouvons, pour qu'à son rythme elle gagne progressivement en maturité et en indépendance, à l'aide de nos petits coups de pouce.

---

**La parole aux pères**

Jusqu'à ses neuf ans, notre fille a décliné toutes les invitations aux anniversaires, a refusé d'aller chez des copines et n'a pas voulu jouer dans l'équipe de baseball. Depuis, elle a brisé sa carapace et elle est devenue un vrai animal social. J'ai du mal à suivre son agenda !
Mark, père de Felicity, dix ans.

---

## S'organiser pour que l'enfant apporte quelque chose à l'enseignant ou à la personne qui va le garder

Pour que notre enfant reste plus volontiers et plus facilement seul avec une autre personne, il a besoin de se sentir bien avec elle. Pour encourager la connexion, nous pouvons suggérer à l'enfant d'apporter un de ses livres à lire ensemble, une assiette de biscuits faits maison, une fleur ou un dessin. Partager quelque chose avec l'adulte en charge facilite les échanges et enclenche une dynamique positive pour ce moment à passer ensemble.

## Permettre à l'enfant d'initier la séparation

Au moment de la séparation, certains enfants préfèrent s'éloigner eux, plutôt que de nous regarder partir. Dans ce cas précis, écarter leur attention de la séparation peut aider : désignons-lui quelque chose d'intéressant et de distrayant, puis, après un au revoir rapide, laissons-le s'écarter.

## Parler à l'adulte responsable de l'enfant

La plupart des professionnels de l'enfance sont experts en anxiété de séparation. Ils sont disponibles pour discuter de nos inquiétudes : n'hésitons pas à prendre rendez-vous, et venons avec la liste de nos questions et solutions possibles. Un entretien en privé est préférable pour éviter d'en parler en présence de notre enfant ou au moment où l'adulte est occupé avec d'autres petits ou accaparé par ses responsabilités.

## Dissimuler son énervement, sa frustration, son inquiétude

Quand un enfant ne veut pas aller à la crèche, à l'école ou chez une assistante maternelle, c'est parfois frustrant. S'il hurle parce qu'un membre de notre famille tente de lui faire un câlin, ce peut être gênant. S'il pleure parce que nous nous éclipsons pour prendre une douche, cela peut nous inquiéter. Mais si nous nous fâchons, le punissons, ou nous moquons de lui, nous risquons surtout de prolonger son anxiété.

Si notre enfant s'écroule en sanglots, il est fort possible que nous aussi craquions, en notre for intérieur. Son état nous inquiète peut-être, mais il est important que nous lui cachions nos doutes*. Même le plus petit des bébés perçoit notre préoccupation. Il peut en déduire que ça ne va pas, que la situation est dangereuse ou tout simplement inacceptable.

---

* Note de l'éditrice : Si nos véritables émotions sont à partager avec nos enfants, nos réactions émotionnelles parasites, comme ici, sont à garder pour soi, car elles parlent de notre histoire personnelle davantage que du problème actuel de notre enfant.

Prenons garde à ne pas discuter de nos interrogations devant lui ou s'il est à portée de voix : nous ne savons pas ce qu'il entendra et en comprendra. Nos échanges avec nos amis, notre conjoint ou partenaire, nos interlocuteurs à la crèche ou à l'école, doivent rester confidentiels.

## Préparons les visites

Notre enfant classe toutes les personnes qu'il ne connaît pas comme « étrangères », même les membres de notre famille, nos amis, ou les grands-parents qu'il fréquente peu. Pour le préparer à les rencontrer, une semaine avant leur visite, nous pouvons lui présenter des vidéos, des photos et lui parler de ces magnifiques personnes. À leur arrivée, c'est à nous de les accueillir et de les serrer dans nos bras en premier, pour montrer à notre enfant que nous les aimons.

---

**La parole aux mères**
J'ai affiché des photos de notre famille au mur de la chambre de mon fils. Au début, je voulais renforcer son lien avec ses grands-parents, qui vivent loin, mais j'ai remarqué que cela l'aide aussi quand son papa lui manque, les jours où celui-ci travaille. Il change d'humeur à la vue de visages joyeux et souriants et amorce souvent une discussion à partir des photos. C'est amusant et ça marche à chaque fois.
Amanda, mère de Finley, deux ans.

---

## Lui rappeler de bons souvenirs de séparation

Si notre petite s'est bien débrouillée lors d'une séparation passée (même si les débuts en ont été difficiles), rappelons-lui : « Tu te souviens de la dernière fois où tu es allée en halte-garderie ? Tu étais inquiète, pour commencer, mais après tu t'es bien amusée et tu t'es fait de nouvelles copines. Tu te rappelles Becky et Kai ? Je me demande si elles seront là aujourd'hui. » En évoquant les circonstances où, après s'être inquiétée, notre enfant a fini par apprécier la situation, elle ravive une mémoire positive et renforce sa confiance pour les circonstances présentes. Avec le temps, les succès accumulés dans différents contextes l'aideront à gérer les nouvelles occasions se présentant à elle.

## Vers l'autonomie à tout petits pas

Chaque fois que c'est possible, nous pouvons fractionner les difficultés d'une séparation en plusieurs petites étapes faciles. Dès que l'enfant a franchi une étape, il peut passer à la suivante. Par exemple, si notre fils panique dès que nous le laissons avec une baby-sitter, nous pouvons commencer par le faire garder une heure en notre présence, dans la même pièce, pendant que nous nous occupons à autre chose. Ensuite, nous demandons à la baby-sitter de jouer avec lui alors que nous changeons de pièce. Puis, nous pourrons quitter brièvement le domicile : un quart d'heure, peut-être, avant d'augmenter progressivement la durée de nos absences, jour après jour, jusqu'à atteindre notre objectif final.

## La relaxation pour enfants et autres techniques de gestion de l'anxiété

Un enfant anxieux ou inquiet éprouve des sensations physiques qui augmentent son malaise. Sa respiration accélère et devient superficielle, son ventre se serre, sa gorge se noue, son corps se raidit. Ces symptômes physiologiques peuvent le maintenir dans un état d'agitation. Nous pouvons lui enseigner à détendre son corps puis à utiliser cette approche au moment même où il commence à se sentir stressé. Il existe différentes techniques, en fonction de l'âge de l'enfant et de sa personnalité.

### *La relaxation progressive avec le Lapin Calme*

Cette méthode fonctionne bien avec les enfants à l'imagination fertile. Après l'avoir pratiquée chez lui, dans un cadre détendu, notre enfant pourra ensuite la mettre en œuvre ailleurs, quand il se sentira stressé. N'hésitons pas à commencer chacune de nos journées avec une petite session ensemble, à moins que nous ne préférions en inclure une dans la routine du coucher.

Proposons-lui par exemple l'exercice du Lapin Calme. En voici le script de référence :

« — On est des lapins calmes.

— On ferme les yeux, on se détend.

— On inspire. On expire.

— C'est l'heure où le lapin s'installe confortablement et se relaxe.

— On remue nos nez de lapin. Maintenant notre visage de lapin ne bouge plus, il ne parle plus.

— On remue les doigts de pied. Maintenant, on ne les bouge plus.

— On remue les doigts. Maintenant, on ne les bouge plus.

(Et ainsi de suite avec toutes les parties du corps, bras, épaules, jambes…)

— On inspire. On expire.

— On se relâche.

— Maintenant on est des lapins contents, détendus, calmes. »

Cette technique fonctionne parce que notre enfant est susceptible d'accueillir nos invitations tendres à se détendre. Une fois familiarisé avec le déroulement du processus, il peut l'utiliser dès qu'il commence à se sentir anxieux.

---

**La parole aux professionnels**

On ne peut pas être stressé et détendu en même temps. La relaxation progressive permet de reprendre

le contrôle de soi-même et de retrouver un sentiment généralisé de calme dans des situations générant une anxiété de séparation.
Docteurs Andrew R. Eisen et Charles E. Schaefer, auteurs de *L'Anxiété de séparation chez les enfants et les adolescents : une approche individualisée du diagnostic au traitement*[1].

---

Au moment où l'anxiété de séparation frappe, agenouillons-nous à la hauteur de notre enfant, posons notre main sur son épaule, regardons-le dans les yeux pour lui dire : « On fait le Lapin Calme. » Puis enchaînons avec les différentes étapes de la relaxation. Avec le temps, nous n'aurons plus besoin de le guider : il nous suffira de mentionner l'exercice, de l'inviter à fermer les yeux et il se détendra.

N'hésitons pas à nous procurer une figurine de petit lapin que l'enfant pourra emporter avec lui lors d'une séparation. Un lapin accroché à un porte-clé, un bracelet avec des petits lapins ou un lapin en peluche lui rappelleront discrètement qu'il peut compter sur la méthode du Lapin Calme quand il se sent mal[2].

---

1. *Separation Anxiety in Children and Adolescents : An Individualized Approach to Assessment and Treatments*, Guilford Publications, 2007. Livre non traduit en français.

2. Pour d'autres exemples de relaxations courtes, vous pouvez vous procurer *Calme et attentif comme une grenouille*, de Eline Snel, Arènes Éditions, 2012.

***La respiration détendue en soufflant des bulles de savon***

Dans les moments de tension, l'enfant a tendance à respirer de manière saccadée et superficielle, par la bouche et non plus par le nez. Nous connaissons cette respiration rapide, bouche ouverte : elle se déclenche aussi quand il est sur le point de pleurer. Hélas, cette respiration intensifie en retour son sentiment de perte de contrôle, et augmente son anxiété. Enseigner une enfant à reconnaître ce signe et à calmer sa respiration peut l'aider à reprendre la maîtrise d'elle-même dans les situations qui la rendent nerveuse.

Elle a tout d'abord besoin de comprendre que cette respiration rapide et superficielle est le signe qu'elle est inquiète ou a peur, et qu'elle peut la contrôler. Pour l'y aider, nous pouvons respirer nous-mêmes de cette façon puis lui proposer de nous imiter pour en ressentir les effets. Ensuite, nous lui indiquerons comment souffler et ralentir sa respiration : elle se sentira mieux.

Pour une efficacité maximale, elle peut faire semblant de souffler des bulles de savon à travers une vraie baguette à bulles si nous en avons une, sinon, elle peut l'imaginer.

« Quand tu as peur ou si tu t'inquiètes, ta respiration peut devenir bizarre, comme si tu avais couru. [Montrons-lui en respirant rapidement, par saccades, par la bouche.] Respirer de cette manière peut t'effrayer encore plus. Quand tu sens ta respiration s'accélérer, tu peux la ralentir. Imagine que tu tiens une baguette pour faire des bulles et souffle dedans pour faire de belles bulles de toutes les couleurs. Inspire par le nez et souffle doucement par la bouche pour libérer tes bulles. On peut dire que ces bulles sont magiques parce qu'elles t'aident à te détendre. »

## Favoriser les jeux solitaires

Si la petite joue seule, ne nous sentons pas obligées de nous impliquer. Le jeu solitaire est bon pour elle. Il lui donne confiance et lui montre qu'elle se sent bien en sa propre compagnie. Laisser son enfant face à elle-même de temps en temps ne nous métamorphose pas en parent négligent. Au contraire, c'est faire preuve d'intelligence et d'attention que de lui permettre ces jeux en solo : ils participent à la construction de son indépendance.

---

**La parole aux mères**

À partir du moment où j'ai décidé d'y faire attention, j'ai été surprise du nombre de fois où j'imposais ma présence à Brandy alors qu'elle jouait toute seule. Je croyais bien faire. Je voulais lui dire que j'étais fière d'elle, mais en jetant un coup d'œil dans sa chambre et en la complimentant sur son indépendance, en réalité, d'une certaine façon, je renforçais son besoin de m'avoir près d'elle. Maintenant, quand je l'entends s'amuser toute seule, je la laisse tranquille.

Barb, mère de Brandy, cinq ans.

---

## Prendre conscience des facteurs anxiogènes

Face à de nouveaux facteurs de stress, l'enfant peut être pris par une poussée d'anxiété de séparation, même si le lien n'est pas apparent. Voici une liste des situations qui peuvent provoquer une augmentation généralisée de son anxiété :

- La famille déménage, ou le lieu d'habitation est réaménagé ou redécoré.
- Un frère ou une sœur entrent à l'école.
- Un nouveau bébé arrive dans la famille.
- Les parents divorcent ou l'un d'eux se remarie.
- Un parent quitte son travail ou en commence un nouveau.
- Un copain déménage et change de région.
- Une nouvelle institutrice prend en charge sa classe (ou une nouvelle éducatrice arrive à la crèche).
- Son programme quotidien est modifié de manière significative.
- La famille part en vacances ou des invités dorment à la maison.
- Il tombe malade ou la maladie touche un membre de la famille proche, un parent, voire un ami.

Quand un enfant se confronte à un changement dans sa vie, il se tourne naturellement vers le garant de sa sécurité : sa figure d'attachement. Parce que de multiples choses lui semblent différentes et le perturbent, il se sent rassuré par notre présence à ses côtés. Un peu de patience, un peu plus d'écoute de ses besoins émotionnels pour la traversée de ces périodes de bouleversement, et il devrait s'adapter rapidement à sa nouvelle situation.

## Briefer la baby-sitter

Si nous prévoyons de faire fréquemment appel à une baby-sitter, il est utile de lui détailler les étapes de la routine de l'enfant, incluant plats favoris et jeux préférés. Le cas échéant, les routines du coucher ou de la sieste pourront être décrites sur un poster affiché au mur. Plus la baby-sitter en sait, mieux se passera la séparation, dans la détente, pour tout le monde.

Nous pouvons aussi permettre à la baby-sitter quelques entorses à nos règles de vie. Manger des chips, des bonbons, mettre la musique très fort, ou avoir le droit de dormir dans un sac de couchage par terre peut donner envie à notre enfant de revoir sa baby-sitter plus souvent. Enfreindre les règles, c'est tellement amusant, exit l'anxiété de séparation !

## Banaliser notre retour

Imaginons : notre fille a eu du mal à s'adapter à notre absence, et en rentrant, nous la couvrons de bisous, enchaînons câlin sur câlin, lui disons combien elle nous a terriblement manqué… Voilà comment elle décodera la scène : la séparation, c'est donc une affaire bien grave. Veillons à calmer notre exubérance et à nous contenter d'un accueil tranquille, par exemple : « Salut, mon cœur. Tu t'es bien amusée pendant que j'étais partie ? » Ainsi, elle peut interpréter la séparation comme une situation normale, pour laquelle elle n'a aucune raison de s'en faire.

Si jamais elle tient à nous raconter à quel point c'était difficile pour elle, accordons-lui un peu de temps, autorisons-la à exprimer son inquiétude brièvement, puis orientons-la vers ce qui s'est bien passé : ne la laissons pas ressasser ce qui s'est mal passé. En la questionnant de manière avisée, nous trouverons une ou deux belles choses et nous pourrons nous concentrer dessus.

---

**La parole aux professionnels**

Soyons à l'écoute du ressenti de notre enfant. Cependant, de longues discussions centrées sur ses problèmes n'aident pas toujours, et peuvent être vécues comme trop lourdes du point de vue de l'enfant. L'objectif est d'aider notre enfant à se libérer de ses inquiétudes et de ses peurs.

Docteur Leslie E. Packer, psychologue pour enfants et auteur de *Trouver un moyen, ou l'inventer*[1].

---

1. *Find a way or make a way*, Parkaire Press, 2009. Livre non traduit en français.

## Recadrer avec gentillesse et sensibilité

Vient un temps où l'on sait l'enfant capable de davantage d'autonomie, mais par habitude il reste collé à nous bien au-delà de ses réels besoins. S'il continue de nous suivre aux toilettes à un âge que nous jugeons inapproprié, pourquoi ne pas préciser avec gentillesse ce qui est acceptable? Il est alors préférable d'éviter d'utiliser les phrases négatives comme «Ne le fais pas» ou «Non!», car il pourrait se cramponner de plus belle. Une approche positive sera plus efficace. Par exemple, nous pouvons lui proposer un choix: «Pendant que je suis aux toilettes, tu peux t'asseoir devant la porte et faire ton puzzle ou tu peux jouer avec tes petites voitures dans ta chambre. Que préfères-tu?»

---

**La parole aux mères**
Tant qu'elle ne s'était pas endormie, ma fille refusait mon départ, mais je ne pouvais pas rester à ses côtés pendant une demi-heure à chaque fois. Alors j'ai mis en place la phrase: «Tu peux partir.» Je lui dis quand l'heure de la séparation approche, mais je lui laisse choisir le moment exact, le moment où elle me laisse partir. Elle contrôle la situation. Quand elle est prête, elle me dit: «Tu peux partir», je l'embrasse et je m'en vais. Ça marche encore aujourd'hui, sauf qu'elle me dit «Tu peux partir» au bout d'une minute, et non au bout de trente minutes!
Bonnie, mère d'Ariella, dix-neuf ans, de Yonina, dix-sept ans, de Dovi, quinze ans, de Mordechai, treize ans, de Yedidya, neuf ans, et de Liora, quatre ans.

---

## S'assurer de ne pas passer à côté d'autre chose

Mieux vaut être sûrs que notre enfant n'a pas de problème avec une institutrice, une éducatrice ou avec un autre petit. S'il affiche de l'anxiété de séparation dans une seule situation bien spécifique et dans aucune autre, c'est un signal qui peut nous alerter. Avons-nous vérifié par ailleurs s'il ne s'est pas créé une peur imaginaire, une croyance fantasmagorique, qui le rendrait anxieux ? Questionnons-le gentiment, observons-le finement, et nous identifierons la racine de son inquiétude.

## Agir avec honnêteté et franchise

Il y a des séparations pour lesquelles nous n'avons pas de choix. Nous avons fait de notre mieux, mais notre enfant n'est pas du tout détendu le jour J ? Malgré ses larmes et ses suppliques, nous devons partir et tout de suite. C'est le moment de faire preuve de clarté, de concision et d'honnêteté d'une manière respectueuse et ferme à la fois : « Je dois partir maintenant et je n'ai pas le temps de m'attarder. On se dit au revoir, maintenant. Tu me fais un bisou ou tu préfères un câlin ? Je t'aime, mon chéri. » Plus tard, nous pourrons relire les suggestions listées dans ce livre et mettre au point un programme pour les semaines suivantes, afin d'aider notre petit à gérer son anxiété de séparation.

Si nous avons laissé notre enfant dans un environnement sécurisé et affectueux, nous pouvons le quitter en toute confiance. Inutile de se flageller à grands coups de culpabilité. Concentrons-nous sur les faits, les circonstances, et non sur l'aspect émotionnel. Et menons nos affaires du jour. Les semaines suivantes, nous pourrons continuer à tester d'autres idées inventoriées ici, et notre bambin gagnera peu à peu en assurance et en autonomie.

# 5. Solutions au cas par cas

Dans les précédents chapitres, nous avons vu toutes sortes d'idées et d'outils aidant les enfants à mieux traverser une phase d'anxiété de séparation. Ici, vous trouverez des astuces spécifiques adaptées à la situation particulière du vôtre. Elles vous permettront de personnaliser plus encore un programme d'accompagnement dans ces périodes de la vie où la séparation est inévitable.

***Observer et adapter***

En parentalité, quels que soient les problèmes, il existe autant de solutions que d'enfants. Le meilleur plan d'action sera influencé par la personnalité, le style familial ou la situation singulière. Il est crucial de suivre attentivement les progrès de l'enfant même une fois notre plan de route défini, afin de sans cesse le peaufiner. N'oublions pas qu'un enfant grandit et change tous les jours : une idée fonctionne un jour, mais elle demandera peut-être des aménagements le lendemain. Être parent nécessite une vigilance de tous les instants, mais, au bout du compte, une fois le juste équilibre trouvé dans notre programme, nous vivrons des moments parmi les plus gratifiants de la parentalité.

### *Tirer parti des livres pour enfants*

Pour mettre des idées en lumière, lire un livre à notre enfant est un moyen idéal d'entamer les discussions.

Par principe, en le lisant en amont, nous vérifierons s'il est adapté. Épargnons à notre enfant les histoires abordant le problème d'un point de vue négatif, ou potentiellement créatrices d'inquiétudes jusque-là inconnues : un livre peut soulever des problèmes dont notre petit n'a même pas conscience !

Sélectionnons les ouvrages qui aident notre enfant à comprendre qu'il n'est pas seul à se poser des questions, qui l'inspirent et l'encouragent par les réponses proposées. Les livres les plus efficaces offrent explicitement des solutions et « finissent bien ».

En lisant une histoire à notre enfant, nous l'aidons à prendre de la distance avec sa situation et à l'évaluer du point de vue d'une tierce personne, le héros de l'histoire. Il lui sera ensuite plus facile d'examiner son propre cas en maîtrisant ses émotions. De plus, il aura sans doute aussi acquis au passage de nouvelles stratégies adaptatives.

### *Transposer, combiner, imaginer*

Nous pouvons lire les idées présentées dans cette section même si elles ne semblent pas nous concerner actuellement. Être averties peut nous préparer pour le futur. En prime, nous y trouverons peut-être des idées pour aider une amie. Enfin, une suggestion pour pallier une situation spécifique peut être utile dans d'autres circonstances. Par exemple, la rubrique consacrée aux baby-sitters servira aussi aux parents d'un enfant inquiet d'aller à la crèche pour la première fois : de nombreuses idées sont adaptables à plusieurs contextes.

## Quand on ne peut pas quitter la pièce

> Si je suis dans la maison, mais pas disponible pour mon fils – je prends une douche ou je travaille dans mon bureau, par exemple –, alors cela déclenche son anxiété de séparation. Souvent, il tape sur la porte, pleure et hurle. Je ne lui réponds pas parce que j'ai peur de le mettre encore plus en colère s'il sait que je suis là. Mon mari lui explique que je reviendrai vite, mais ça n'aide pas du tout, et les sanglots continuent.

Quel scénario incroyablement banal ! De nombreuses mamans d'enfants en bas âge se demandent si elles pourront un jour de nouveau faire pipi en paix. Faire la sourde oreille aux pleurs de son petit semble la solution la plus facile, mais cela peut aussi aggraver la situation, car il pense que sa maman a disparu à jamais. Heureusement, les enfants grandissent et dépassent ce stade, et nous pouvons accompagner le mouvement en utilisant quelques-unes des idées suivantes :

- **Jouer au jeu de la porte :** ce jeu a pour objectif d'aider notre enfant à se sentir mieux de l'autre côté de la porte. Commençons par faire des bruits d'animaux bien bruyants, une vache par exemple, un lion ou un chien. Demandons à notre enfant de deviner de quel animal il s'agit. Ou alors, proposons-lui de répéter notre cri. Une fois qu'il a saisi le but du jeu, installons-le par terre et passons dans la pièce voisine en maintenant la porte entrouverte. Jouons un peu, puis fermons la porte. Ensuite, nous pouvons transposer ce jeu pour aller aux toilettes en le laissant dehors. Non seulement il s'amusera, mais le jeu lui permettra aussi de comprendre que quand nous disparaissons derrière une porte close, nous sommes encore là, même s'il ne nous voit pas.
- **S'entraîner à la séparation :** demandons à quelqu'un de jouer avec nous et notre enfant. Puis éloignons-nous lentement pour nous asseoir à quelques mètres. Un peu plus tard, nous pourrons nous lever, sortir de la pièce pendant quelques minutes, puis revenir avant que notre enfant ne s'inquiète. À notre retour, exprimons notre joie : « On dirait que vous vous amusez bien tous les deux ! » Tranquillement, augmenter la durée de nos absences, cinq minutes, puis quinze, etc. Quelques courtes sessions d'entraînement de ce type, tous les

jours, aideront notre enfant à gérer les inéluctables séparations de plus longue durée.

- **Laissons l'enfant occupé par un jeu :** avant de quitter la pièce, initions une activité avec notre enfant, puis demandons à un adulte de le prendre en charge, et éloignons-nous. L'activité parfaite pour les bébés et les tout-petits est de regarder par la fenêtre, étudier les arbres, le voisinage : notre enfant concentre son attention sur ce qui se passe dehors, et non sur nous. Une fois qu'il discute avec la personne qui le garde, nous pouvons sortir et les laisser.
- **Permettre au bébé un peu de temps tout seul :** au cours d'une journée, nous pouvons saisir les opportunités de développer la capacité de notre enfant à s'amuser tout seul. Souvent, nos enfants sont si précieux à nos yeux que nous ratons les occasions d'encourager un peu leur indépendance. Or c'est si bon de se savoir autonome dans le jeu ! Lorsque nous remarquons notre bambin occupé avec un jouet, nous pouvons nous écarter. S'il accepte notre échappée, éloignons-nous encore un peu. Si ça marche, nous pouvons nous occuper à cuisiner, travailler sur l'ordinateur, toute activité qui nous permette de garder un œil sur lui. Cet entraînement nous sera utile quand nous passerons à l'étape suivante, dissimulés derrière une porte.
- **Opérer de micro-séparations :** dans certains cas, nous gagnons à segmenter l'expérience en multipliant nos entrées et sorties de la pièce et en en

variant la durée. Commençons par de courtes séparations puis augmentons la durée au fur et à mesure que notre enfant s'habitue. Par exemple, nous pouvons amorcer les préparatifs matinaux une demi-heure plus tôt pour prendre le temps de sortir de nombreuses fois de son champ de vision.

- **Prévoir un coffre à jouets spécial :** remplissons un petit coffre choisi pour l'occasion de jouets particulièrement attractifs. Nous sortirons le coffre lorsque nous aurons à nous séparer, par exemple pour aller travailler dans notre bureau ou juste pour passer sous la douche. Une fois de retour, nous rassemblons ces jouets et rangeons le coffre jusqu'à la prochaine fois. Il est utile d'en changer le contenu régulièrement pour qu'il offre toujours quelque chose d'intéressant. Insérons l'usage de ce petit coffre dans notre routine : bientôt, notre enfant sera ravi de le voir sortir.
- **De temps à autre, permettons-lui de venir !** Parfois, notre enfant devra rester de l'autre côté de la porte. D'autres fois, ce sera moins capital. Par exemple, le matin, nous pouvons demander à ce que quelqu'un le garde le temps de notre douche. Puis nous pouvons l'autoriser à rentrer dans la salle de bains pendant que nous nous séchons les cheveux et nous maquillons. Prévoyons-lui un endroit spécial pour jouer par terre. Rappelons-nous qu'il nous collera de moins en moins au fil du temps et que nous en viendrons peut-être à regretter ces

moments. Un jour, quand il sera grand, il n'aura plus envie de partager le même espace que nous.

- **Offrons à d'autres personnes la possibilité de passer davantage de temps avec notre enfant :** très fréquemment, un enfant s'attache particulièrement à un de ses parents, plus qu'à toute autre personne au monde. Souvent, ce parent (en général, sa maman) assume pratiquement tous ses besoins essentiels, devenant ainsi un garant de sa sécurité. Il est donc assez injuste de se positionner comme étant la constante de sa vie de tous les jours, puis de lui demander de se réjouir à l'idée d'être séparé de nous quand ça nous arrange.

Si notre enfant passe presque toutes ses heures d'éveil avec nous, voyons comment nous pourrions le confier à d'autres membres familiers de son entourage. Commençons par des sessions courtes et allongeons-en la durée progressivement. Cette expérience confortera son sentiment de sécurité et il comprendra que d'autres personnes sont tout aussi capables que nous de répondre à ses besoins physiques et émotionnels, et qu'elles peuvent même parfois être marrantes !

Pour que ce procédé fonctionne, évitons de rôder près d'eux ou de superviser leur activité. Laissons-les faire à leur propre rythme. Encourageons notre enfant d'une phrase positive : « Ta grand-mère s'occupe de toi, maintenant. Je vais prendre une douche. » Si l'enfant s'agite alors, inutile de nous précipiter pour le calmer. Laissons l'autre adulte s'en charger. Il le fera peut-être à sa propre manière, différente de la nôtre, mais c'est faire un merveilleux cadeau à notre enfant que de lui permettre de découvrir que le monde n'est pas rempli de clones de sa maman. Nous faisons confiance à cette personne, alors laissons-lui les rênes. Filons sous la douche, occupons-nous du repas ou partons faire un jogging, et permettons à l'adulte de confiance et à notre enfant de trouver un terrain d'entente.

Dès que notre enfant aura compris que cette personne peut répondre à ses besoins aussi bien que nous, il transférera cet apprentissage dans sa relation à d'autres adultes. Les adultes, eux, sauront qu'ils peuvent garder notre enfant sans que nous leur tournions autour, et donc se détendre et apprécier leur complicité avec lui.

---

**La parole aux pères**

Il y a quelques mois, pour la première fois, nous avons détecté de l'« anxiété de séparation vis-à-vis de maman ». Jack et moi on passait un super moment ensemble, on rigolait, on s'amusait, relax. Puis sa mère est entrée dans la pièce et là, c'est comme si on avait appuyé sur un bouton. Un nuage incroyablement sombre est passé sur son visage et il s'est mis à pleurer. Il a tendu ses bras vers elle pour qu'elle le prenne. Nous avions remarqué ce comportement chez ma nièce, nous étions un peu préparés. Aujourd'hui, ma nièce est plus âgée, une vraie fille à son papa. Alors le favoritisme de Jack nous a fait rire : nous entrions

dans une nouvelle phase et désormais, sa maman serait la reine de ses jours.
James, père de Jack, dix mois.

---

- **Confier une tâche :** pendant que nous nous absentons, nous pouvons assigner une tâche à notre grand bambin. Un balai lui permettra de nettoyer la pièce. Il peut trier les chaussettes sortant de la lessive ou s'installer avec une feuille et des crayons pour faire un dessin. S'il sent qu'il travaille pour nous et est occupé par cette activité, il peut se séparer de nous un moment.
- **Utiliser le dialogue interne positif :** nous aidons notre enfant et nous aidons nous-mêmes en étant attentifs à nos propres pensées et en restant réalistes. Imaginons : notre bébé panique, il est en larmes. Ne dramatisons pas, n'allons pas nous convaincre que nous le faisons horriblement souffrir. Nous changeons juste de pièce ! Quelqu'un est là pour le prendre en charge. Nous lui faisons un cadeau en lui montrant que le monde ne s'écroule pas quand nous nous séparons l'un de l'autre.
- **Comprendre sa personnalité :** chaque enfant répond à la séparation à sa manière. Pour satisfaire au mieux les besoins du nôtre, observons-le chaque fois qu'il réagit à ce qui est nouveau ou différent. Nous pouvons nous inspirer de ses réactions dans d'autres domaines de sa vie pour trouver des moyens de renforcer sa confiance lors de séparations.

## Le baby-sitter blues : quand l'enfant résiste aux baby-sitters

> Nous aimerions sortir au restaurant, aller au cinéma, mais la seule fois où nous avons pris une baby-sitter pour notre fils, nous avons dû nous cacher pour partir et elle nous a raconté qu'il s'est collé à la fenêtre et a pleuré pendant une heure ! On s'est senti les plus affreux parents du monde ! Maintenant, on n'ose plus essayer.

Nous ne sommes pas les pires parents du monde. Ces pleurs montrent même que nous sommes en lice pour le titre de meilleurs parents du monde ! La réaction de notre petit est une preuve de l'amour, de la sécurité et du réconfort qu'il reçoit de nous. Tout cela lui manque quand nous sommes absents. S'il pleure, commençons par nous féliciter : nous avons créé un lien fort et sain avec notre enfant.

Puisque nous avons construit des relations solides, n'hésitons pas à le laisser avec une baby-sitter ou une nounou pour sortir le soir, faire nos courses, rendre visite à des amis ou faire un jogging : cela fait du bien à toute la famille. Voici les clés pour vivre en paix cette nouvelle aventure :

- **Choisir soigneusement sa baby-sitter :** pour augmenter les chances de réussir une première expérience de garde, mieux vaut demander ce service à une personne familière à l'enfant. La baby-sitter idéale aime certes notre bébé, mais elle saura aussi se montrer patiente s'il pleure et exprime de l'inquiétude. Notre meilleure amie craque complètement pour notre petit ? Si elle n'a pas d'enfant, ou ne s'est jamais occupée de ceux des autres, elle ne parviendra peut-être pas à gérer l'anxiété de séparation. Une maman ou un papa chevronnés, surtout ceux dont les enfants ont souffert d'anxiété de séparation, auront plus de ressources pour aider le nôtre à mieux vivre l'expérience.

- **Rester réaliste :** nous n'envoyons pas notre enfant en chambre de torture, même s'il tente de nous le faire croire ! Nous le laissons sous la responsabilité d'une personne compétente, avec de quoi jouer et de quoi manger. Bien sûr, c'est dur de le voir en larmes, accroché à notre pantalon. Pour autant, malgré son comportement, ne dramatisons pas la situation. Il a confiance en notre jugement : en demeurant calmes, nous lui signalons que tout va bien.
- **Commencer doucement, avancer progressivement :** donnons autant que possible le temps à l'enfant de se faire à l'idée de rester avec une baby-sitter. Pour le convaincre que tout se passera bien, nous pouvons prendre des mesures graduelles. La première fois, demandons à notre baby-sitter de garder notre enfant en notre présence – peut-être même dans la même pièce que nous : asseyons-nous tranquillement dans un coin en nous faisant tout

petit. Oublions les commentaires sur toutes ces jolies choses que notre enfant fait et retenons nos suggestions. Soyons juste présentes sans nous manifester. La fois suivante, recommençons une session de garde à domicile, mais cette fois, essayons de sortir de la pièce. Si notre enfant nous suit, retournons simplement dans la pièce pendant quelques minutes, puis ressortons, revenons, ressortons plusieurs fois, en augmentant chaque fois la durée de nos absences. Si nous avons acheté quelques nouveaux jouets, cela peut être utile. Payer une baby-sitter pour nous tenir compagnie peut sembler bizarre, mais quand notre enfant acceptera la présence de la baby-sitter, nous aurons investi judicieusement notre argent. Après ces sessions à domicile, nous pourrons organiser quelques séances assez courtes, pendant lesquelles nous quitterons la maison pendant dix à quinze minutes. Quand nous reviendrons, c'est sans bruit. Si l'enfant pleure, ne pénétrons pas dans la pièce où il se trouve : il risque de croire que c'est la meilleure façon de nous faire apparaître, et pleurer encore plus fort, plus longtemps, la prochaine fois. Rentrons à pas de loup, révélons notre présence à un moment où il s'amuse bien. Après quelques sessions d'entraînement réussies, nous serons prêtes pour organiser une vraie séance de plusieurs heures. Veillons à augmenter progressivement le temps de garde du baby-sitter. Même s'il s'est bien adapté, un enfant peut ressentir une bouffée d'anxiété de séparation si sa séance dure trop longtemps. Le risque est alors de faire dérailler cette expérience en la rendant stressante et d'annuler tous les succès précédents.

---

**Point clé**

Nous avons choisi une personne attentive et expérimentée ? Inspirons profondément, détendons-nous. Confiance : tout ira bien en notre absence. Remettons-lui un numéro de téléphone où nous joindre, signalons-lui où nous nous rendons. Demandons-lui de nous contacter en cas de besoin. Si elle n'appelle pas, alors amusons-nous. Nous retrouverons notre enfant sous peu et cette séparation est bonne à la fois pour notre santé mentale et pour le développement de notre petit.

Par la suite, si la baby-sitter est compétente et pleine d'entrain, nous verrons notre enfant se réjouir à l'avance quand il devra passer du temps avec sa nouvelle amie.

---

- **Partir quand l'enfant est reposé et pas trop affamé :** organisons-nous pour faire coïncider l'arrivée de la baby-sitter avec le réveil de l'enfant le matin ou après une sieste. Reposé, il sera plus conciliant. S'il est sur le point de se mettre à table, c'est une bonne chose, sauf s'il est affamé. Si le planning le permet, le partage d'un repas est une excellente manière de faire connaissance.

- **Prendre le temps pour un changement de garde sans stress :** pendant l'heure précédant notre départ, attention à ne pas cavaler partout dans la maison, en passant de la douche à la penderie, tout en mitraillant la baby-sitter d'instructions. Enchaîner une course effrénée dans la maison avec un sprint pour en franchir la porte peut intensifier l'anxiété de notre enfant. Pourquoi ne pas inviter notre petit dans notre chambre pendant nos préparatifs, lui proposer un assortiment de jouets pour l'occuper et choisir une musique douce pour renforcer l'aspect paisible du moment ? Des préparatifs sereins et une humeur tranquille peuvent influencer les émotions de notre enfant au moment de notre départ effectif.
- **Prévoir une séparation rapide et calme :** choisissons quelques jouets intéressants ou une activité manuelle que la baby-sitter peut proposer à l'enfant. Une fois l'attention de ce dernier focalisée, dites-lui au revoir très rapidement, d'un geste et d'un sourire. Si nous interrompons excessivement son activité alors que tout va bien, nous risquons de ramener son attention sur notre départ et de provoquer un rebond d'anxiété.
- **Éviter le transfert de bras à bras :** lorsque nous le tendons à un autre adulte, nous signalons haut et fort à notre bébé un changement de responsabilité : nous l'invitons à clamer son désaccord. La transition peut se dérouler plus sereinement s'il joue par terre ou s'il est assis dans sa chaise haute ou dans

son transat. C'est une manière de lui épargner la sensation physique d'être « confisqué » et de parer à une éventuelle attaque de panique. Autre avantage de cette méthode : elle donne l'opportunité à notre enfant de se concentrer sur une activité, ou sur son goûter, plutôt que sur notre départ.

- **Une fois la porte franchie, proscrire le demi-tour :** assurons-nous d'être en possession de notre sac à main, de nos clés, de notre manteau, de tout ce dont nous avons besoin. Quand nous avons prononcé le mot « au revoir », si nous nous éloignons puis revenons immédiatement, nous risquons de nous confronter à une double dose d'anxiété de séparation.

---

**La parole aux pères**

Nous avons beaucoup aimé l'idée de ne pas tendre Joshua à sa grand-mère directement depuis nos bras au moment du départ, parce qu'il se mettait souvent à pleurer à cet instant précis. Je l'ai mis dans son transat, Nanna a attiré son attention en chantant et en entamant avec ses jouets une de ses chorégraphies préférées. Quand Alex et moi sommes partis de la maison, Joshua l'a à peine remarqué !

Dean, papa de Joshua, dix mois.

---

- **Se passer du rituel de l'enfant en larmes à la fenêtre :** combien de fois avons-nous vu un bout de chou sanglotant derrière une vitre et agitant sa main pour un dernier au revoir? Certains enfants ont besoin de ce signe et l'acceptent comme point final à notre départ. Cependant, dans bien des cas, regarder ceux qu'on aime s'éloigner provoque une angoisse atroce. Si ce geste à la fenêtre ne calme pas notre petit, nous pouvons l'inciter à démarrer une activité au cours de laquelle il nous dira au revoir tout en continuant de jouer, plutôt que d'instituer un rituel pénible pour lui.

- **Expérimenter un nouveau lieu de garde:** si certains membres de la famille ou certains de nos amis ont des enfants, demandons-leur de garder notre petit chez eux. Parfois, changer d'endroit peut l'aider à surmonter ses craintes, surtout si la maison d'accueil offre de nouveaux jouets et de nouveaux compagnons de jeu. Dans ces circonstances, nous pouvons mettre en place l'approche progressive décrite au chapitre 2 (*S'entraîner «pour de vrai»*, page 64) : commençons par une visite où nous resterons en présence de notre enfant sans nous impliquer dans ses activités, partons ensuite pendant une courte session de quinze minutes, puis augmentons la durée de notre absence au fur et à mesure.
- **Éviter de déléguer les changements de lieu à la baby-sitter:** certains enfants deviennent anxieux s'ils sont pris en charge par la baby-sitter chez eux puis emmenés ailleurs. Dans ce cas, mieux vaut soit

faire garder son enfant chez soi, soit le déposer nous-mêmes chez sa baby-sitter. Quitter son havre de paix dans les bras d'un « étranger » peut être très effrayant !

- **Organiser un point téléphonique avec la baby-sitter :** si nous souhaitons vérifier que tout va bien pendant notre absence, autant s'organiser à l'avance. Imaginons : notre répondeur diffuse notre voix en plein milieu d'une activité, et notre fille passe tout à coup d'un état de tranquillité à un état de manque. À moins que notre appel ne la surprenne pendant une histoire, ou au moment de son endormissement : en décrochant, la baby-sitter s'éloigne d'elle, ouvrant la porte à la panique. Il est préférable de demander à la baby-sitter de nous contacter à une heure précise, ou d'échanger des textos discrets.
- **Donner un objet nous appartenant à l'enfant :** nous pouvons aider notre enfant en lui offrant un Bracelet Magique (voir le chapitre 3) ou un autre gage de notre amour auquel se cramponner en notre absence. Certains enfants souhaiteront porter notre T-shirt ou se reposer sur notre oreiller dans la soirée.
- **Autoriser les entorses au règlement :** les baby-sitters font la joie des enfants quand elles leur permettent de faire des choses extraordinaires comme se coucher tard, manger des bonbons ou sauter sur les coussins du canapé. Ces petites transgressions peuvent transformer la présence d'une baby-sitter

en une « super » expérience – surtout avec les enfants plus âgés.

- **Préparer la boîte bonus de la baby-sitter :** dans une boîte, un tiroir ou un coffre, rassemblons des jeux, des jouets, des activités qui seront utilisés uniquement en présence de la baby-sitter. Soyons attentifs à faire tourner les jouets suffisamment fréquemment et à rafraîchir la sélection. Si nous parvenons à ne jamais déroger et à ce que ces jeux restent effectivement intouchés dans leur caisse jusqu'à l'arrivée de la baby-sitter, nous verrons qu'ils aideront l'enfant à canaliser son énergie vers le plaisir.
- **Éviter de partir pendant le sommeil de l'enfant :** presque tous les parents d'un enfant souffrant d'anxiété de séparation envisagent d'attendre son endormissement pour filer ! Même si notre enfant fait normalement ses nuits sans se réveiller, ne cédons pas à la tentation de nous éclipser pendant son sommeil. Comme par hasard, cela pourrait être la seule fois où il se réveillera. S'il découvre notre absence, nous risquons d'annuler toutes les expériences positives de baby-sitting.

---

**Point clé**

Ne quittons jamais un enfant endormi juste pour éviter les larmes d'une séparation. Nous pourrions provoquer des problèmes encore plus importants s'il se réveille et découvre notre absence.

---

- **Le prévenir :** peu de temps avant l'arrivée de la baby-sitter, il est important d'expliquer à notre enfant ce qui va se passer. Décrivons-lui rapidement son agenda, et si possible posons un jalon pour lui indiquer l'heure de notre retour, comme : « Je rentrerai après ton déjeuner. » Inutile de commencer à le préparer trop en avance ! Pas la peine non plus d'entamer une conversation trop sérieuse montrant nos appréhensions, cela risquerait d'augmenter son anxiété. Contentons-nous de lancer une annonce joyeuse environ trente minutes avant notre départ ou avant l'arrivée de la baby-sitter.
- **Éviter de partir sans dire au revoir** – même quand l'enfant va bien : si nous avons vécu de mauvaises expériences par le passé et que pour une fois notre enfant joue avec bonheur avec sa baby-sitter, nous serons peut-être tentés de nous esquiver sans rien dire. Nous offrons ainsi à la baby-sitter quelques minutes de répit, mais dès que notre enfant aura compris que nous ne sommes plus là, cela peut engendrer une crise de panique. Pire encore, si cela se produit, nous observerons peut-être une augmentation de l'anxiété de séparation parce qu'il nous croira capables de disparaître à l'improviste.
- **Ne croyons pas tout régler en un coup :** même si tout s'est très bien passé avec une baby-sitter géniale, la prochaine fois qu'elle sonnera à notre porte, notre enfant ne l'accueillera pas forcément avec plaisir.

C'est complètement normal. Gardons notre calme, permettons-lui de prendre son temps pour rétablir le contact. Restons quelques minutes avec eux, le temps qu'ils renouent l'un avec l'autre. Quand elle a reconquis toute son attention, c'est le moment de dire au revoir rapidement avec le sourire.

## Ne pars pas ! Quand Papa ou Maman retournent travailler

> Je reprends mes fonctions dans quelques mois et je m'inquiète de savoir quelle réaction aura mon fils quand je devrai le laisser pendant la semaine. Comment faire pour que ce changement se passe au mieux pour lui ?

Pour préparer notre enfant à notre reprise d'activité, puis pour gérer son anxiété de séparation si elle survient une fois que nous travaillerons à plein régime, nous pouvons faire beaucoup de choses et de nombreuses manières. Mais d'abord, une bonne nouvelle : la grande majorité des petits surmontent leur anxiété de séparation et parviennent à s'adapter à la crèche, à l'assistante maternelle, ou la personne qui le garde à la maison. Avec un peu de patience et de planification, aider son enfant à vivre ce grand chamboulement, c'est possible !

---

**La parole aux professionnels**

Quand l'anxiété de séparation atteindra son pic, nous serons sans doute confrontées à plusieurs grands défis. Ne soyons pas surprises si notre enfant jusque-là bien dans sa peau se métamorphose subitement en un enragé obsédé par sa Maman.

Paige Hobey, auteur du *Guide des femmes actives à Bébéland*[1].

---

Si nous pouvons préparer notre enfant à ce qui l'attend, nous arriverons sans doute à limiter son anxiété de séparation, sans pour autant l'éliminer complètement. Certains ajustements ne pourront se produire avant la mise en place de la nouvelle routine. Anticipons le changement avec quelques-unes des idées suivantes :

- **Organiser des séances d'entraînement :** si l'enfant n'a pas eu beaucoup d'expérience de garde, commençons dès maintenant à le confier à d'autres personnes. Prévoir plusieurs répétitions par semaine avant de reprendre quotidiennement le chemin du travail. Même les sessions courtes sont utiles. Elles peuvent nous servir à nous détendre ou à préparer la reprise : faire du shopping, aller chez le coiffeur ou donner rendez-vous à des amis pour déjeuner.
- **Développer les compétences sociales de l'enfant :**

1. *The Working Gal's Guide to Babyville : Your Must-Have Manual for Life with Baby*, de Paige Hobey, Da Capo Press, 2009. Livre non traduit en français.

s'il doit rejoindre une structure avec d'autres petits, nous pouvons l'emmener s'amuser avec ses alter ego, au square, aux jeux gonflables ou à des séances de babygym, par exemple. Il s'entraînera ainsi à passer du temps en présence d'autres enfants.

Une fois que nous aurons repris notre emploi, peu importe son degré de préparation, notre petit exprimera peut-être de l'anxiété, malgré tout. C'est normal. Quel enfant ne préférerait pas garder son parent chez lui plutôt que le savoir loin? Les idées suivantes peuvent l'aider à maîtriser son ressenti et à s'installer dans la nouvelle « normalité » créée par notre retour au travail.

- **Empêcher la tristesse de devenir contagieuse:** les enfants sont incroyablement perspicaces. Si nous nous sentons inquiètes, malheureuses ou coupables de le laisser pour notre gagne-pain, alors ces émotions s'insinueront probablement en lui. Une fois notre choix arrêté sur son mode de garde et sur le lieu où il sera gardé, nous avons avantage à accepter notre nouvelle vie et à en profiter au mieux. Toutes sortes de carrières, toutes sortes d'arrangements familiaux, sont compatibles avec les enfants.

---

**La parole aux mères**

Je n'avais pas imaginé à quel point laisser mon enfant sous la garde de quelqu'un d'autre serait dur pour moi. Quand il pleurait, c'était bouleversant et je culpabilisais de le laisser. Quand il partait en courant

pour aller jouer, sans m'adresser un regard alors que je m'en allais, j'étais pliée en deux de jalousie. Cela s'est arrangé avec le temps. Je pense que si j'avais mieux accepté la situation, Sam aurait fait de même. Il me semble que dès que je me suis acclimatée aux nouvelles circonstances, il y est arrivé, lui aussi.
Maman de Sam, dix-neuf mois.

---

- **Créer des routines très spécifiques :** les enfants se sentent plus en sécurité quand leurs vies se déroulent à un rythme prévisible. Plus ils peuvent anticiper leurs journées, mieux ils arrivent à se détendre et à suivre le mouvement. Nous pouvons mettre en place une routine propre à chacun des moments clés suivants :
  - **Le matin.** La façon dont commence une journée donne souvent le ton. Se réveiller à une heure fixe sept jours sur sept et suivre la même routine pour s'habiller, manger son petit déjeuner, puis jouer un peu aide notre enfant à partir du bon pied, avec l'agréable sensation que « tout est normal, aujourd'hui ».
  - **Une heure avant notre départ au travail.** Que nous partions le matin, ou plus tard, ou à différentes heures en fonction du jour de la semaine, la routine menant à la séparation est importante. Quand notre départ suit un schéma habituel, notre enfant peut alors « changer de cap » et passer d'un environnement (chez lui avec un

parent) à un autre (sous la responsabilité d'une autre personne).

- **Sa première demi-heure avec une autre personne.** Une fois que nous lui avons dit au revoir, que se passe-t-il ? Joue-t-il avec l'assistante maternelle ? Il grignote quelque chose ? Ils lisent un livre ensemble ? Ils étudient le programme de la journée ? C'est une bonne idée de commencer une activité identique, routinière, après chacun de nos départs, plutôt que de le laisser nous regarder nous éloigner. Cette activité l'aidera à gérer la transition et à renouer avec la personne qui le prend en charge. Elle donnera le ton au moment qu'ils passeront ensemble.
- **Les retrouvailles.** Une routine courte, mais spécifique pour notre retour, avec une poignée de main particulière, un câlin puis un chatouillis, ou tout autre rituel, peut relâcher la pression de nos retrouvailles : notre enfant sait quels gestes exécuter. Elle signale aussi un changement de garde : l'assistante maternelle ou la puéricultrice de la crèche est libérée de ses responsabilités, nous et notre petit ouvrons une nouvelle page tous les deux.

• **Suggérer des activités de mise en lien.** Si possible, encourageons la personne qui la garde à faire fabriquer quelque chose à notre petite pour nous en notre absence : un dessin, un bouquet de fleurs, de gâteaux. Pourquoi ne pas préparer une boîte spécifique où elle posera le résultat de sa journée de travail, et dont la découverte pourra être intégrée à notre routine de retrouvailles ? Planifier puis réaliser les surprises du jour pour remplir sa boîte lui remontera le moral et l'aidera à se réjouir à l'avance de l'accueil qu'elle nous fera.

- **L'occuper.** Prévoir bien sûr assez de jouets et d'activités pour la distraire pendant toute la durée de notre absence. Si elle s'ennuie, elle risque plus de souffrir d'anxiété de séparation. Si la garde se déroule à la maison, nous pouvons par exemple préparer une caisse de jouets renouvelés fréquemment pour miser sur l'effet découverte.
- **L'emmener au travail de temps en temps.** Elle peut s'inquiéter si elle ne sait pas où nous partons durant nos longues absences. Pourquoi ne pas organiser une courte visite de notre lieu de travail ? Elle comprendra ainsi où nous passons nos journées. On peut apporter une caméra, prendre des photos, et lui préparer un petit album. Une photo encadrée de nous répondant au téléphone lui permettra de nous visualiser quand nous lui téléphonerons depuis le bureau.
- **Exposer des photos de famille.** Des photos de nous réparties dans la maison l'aideront aussi à nous visualiser pendant nos absences. Si elle va à la crèche, une photo de famille collée près de son portemanteau ou un petit album photo lui permettront de se sentir connectée. Par ailleurs, n'oublions pas de

prendre des photos de sa puéricultrice référente, de sa nounou ou de son assistante maternelle (ou de sa maîtresse), pour lui indiquer combien cette personne est importante pour notre famille.

- **Donner du poids aux moments où nous sommes ensemble.** Vérifions nos priorités pour faire en sorte que le temps passé à la maison avec l'enfant ne soit pas consacré à des tâches qui nous séparent encore plus longtemps d'elle. Afin de nous « lâcher » émotionnellement, de nous laisser partir, elle a besoin de se sentir comblée par le temps où nous sommes réellement là pour elle. Pouvons-nous la faire participer à certaines de nos obligations ? Y aurait-il une manière plus efficace de gérer certaines choses ? Pouvons-nous rayer quoi que ce soit de facultatif sur notre liste ?

---

**Point clé**

Tenter de trouver chaque jour un peu de temps de détente dédié à l'enfant : jouer, marcher, lire, ou simplement flemmarder ensemble. La tranquillité de ces temps calmes peut se propager à d'autres moments plus animés.

---

- **Partager nos préoccupations avec la personne en charge de l'enfant (institutrice, nounou, etc.).** Échanger en vue de coordonner un plan d'action est toujours utile. Les professionnels de la petite enfance connaissent les défis posés par l'anxiété de séparation et sont ouverts à l'élaboration d'un projet personnalisé pour tout enfant. En formulant nos questions et en discutant des options possibles, nous trouverons les solutions appropriées.

## Se dire au revoir dans le calme, à la maternelle comme à la crèche

> J'ai passé des mois à chercher la crèche parfaite pour ma fille. C'est un endroit merveilleux, rempli de jouets, où le personnel est gentil et affectueux, les autres enfants sont adorables et la cour est magnifique. Cela fait maintenant une semaine complète et ma fille pleure encore quand je la dépose. Ça me déchire le cœur ! Que puis-je faire ?

Partir à la crèche ou à la maternelle et quitter Maman ou Papa est une énorme étape dans la vie d'un enfant. Il n'existe pas de méthode infaillible pour savoir à l'avance lequel fera un signe de la main avant de courir rejoindre ses camarades de jeu, quel autre jettera un bref coup d'œil à son nouvel environnement avant de se coller tel un crampon à la jambe de sa mère ou de son père. Si le nôtre est de la catégorie « crampon », voici quelques idées pour l'aider à lâcher prise et apprécier sa nouvelle expérience.

- **Procéder par petites étapes jusqu'à notre objectif de séparation.** Certains enfants redoublent d'anxiété s'ils passent d'un contexte familier à une situation complètement nouvelle ou à une séparation plus longue que d'habitude. Dans ce cas, mieux vaut le « sevrer » lentement jusqu'à la nouvelle routine. Si l'enfant rencontre des difficultés, voyons s'il est possible d'atteindre notre objectif par étapes. Commençons par des séances d'une heure ou deux pendant quelques jours, augmentons un peu la durée, pour finir par une journée complète, l'idéal étant d'étaler ce processus sur plusieurs semaines, pour l'aider à s'installer dans son nouvel emploi du temps.
- **Prévoir des ajustements.** De nombreux enfants démarrent la semaine avec difficultés, puis s'accoutument à la routine de la crèche ou de la maternelle au bout de quelques jours. Nous observerons peut-être des régressions après des jours fériés ou en rentrant d'un long week-end ou de vacances. Après trois ou quatre jours passés avec nous, chez lui, notre enfant peut mettre un peu de temps à se refamiliariser avec l'école ou la crèche. Pendant cette période de réadaptation, veillons à respecter nos horaires normaux pour le coucher, réveillons-nous tôt et reprenons paisiblement notre routine du matin. L'idéal est d'éviter une reprise sur les chapeaux de roue après un congé. De même, prévoyons un temps calme quand il rentre chez lui pour qu'il

se décharge du stress de sa journée. Une marche en plein air, un tour à vélo ou un moment au parc peuvent accomplir des merveilles et l'aider à se réinstaller dans la routine de la semaine.

**Encourager les invitations de ses copains.** Nous pouvons questionner les personnes qui s'occupent de lui pour identifier les copains dont il est le plus proche et inviter ces derniers à venir jouer à la maison. S'il n'a pas l'habitude de socialiser ainsi, mieux vaut limiter la durée de la visite pour éviter une fatigue source de problèmes. Il peut être utile de prévoir une activité manuelle ou un jeu, suivi d'un repas ou d'un goûter : certains enfants ont du mal avec le jeu autonome non encadré.

Après quelques séances réussies chez nous, il est prêt à aller jouer chez un ami. La première fois, nous pourrons rester à proximité en bavardant avec les parents de son copain. La deuxième fois, si tout s'est bien passé, nous le déposerons, sans toutefois nous éloigner trop. Les parents du copain ayant notre numéro de portable, ils pourront nous appeler en cas de problème. Si cela se produit, pas de souci. Expliquons à notre enfant que partir plus tôt est tout à fait honorable. Félicitons-le sur un point, par exemple d'avoir dit merci ou de nous avoir appelés. Laissons passer un peu de temps, organisons quelques autres séances de jeu chez nous avant de retenter l'expérience.

**Coordonner son trajet avec d'autres familles.** Pourquoi ne pas essayer le covoiturage ou le pédibus pour aller à la maternelle? Partager le trajet avec un copain peut faciliter la routine du matin de façon spectaculaire. S'il résiste à l'idée de se faire conduire par les parents du copain, inutile de le forcer. Pendant une période, si cela ne nous dérange pas, nous serons le seul chauffeur pour lui permettre de passer ce moment-là avec un ami. Au bout de quelques semaines, une fois liés l'un à l'autre via ce parcours quotidien, ce sera le tour des parents du copain, l'idée aura fait son chemin.

**Organiser une visite de la maternelle et présenter l'enfant à l'enseignant.** Avant la rentrée des classes, il est utile de prévoir une visite des bâtiments et des salles de cours. Sillonner les couloirs en jetant un coup d'œil dans chaque pièce, jouer un peu dans la cour de récréation, lui permettra de repérer les lieux. Souvent, il est possible d'entrer dans sa future classe et de rencontrer sa maîtresse pour un petit bonjour informel. Y venir une fois et si possible y revenir quelques fois avant la rentrée lui permet de découvrir son nouvel environnement en spectateur, sans avoir la pression d'en être un des acteurs. Cela l'aide à se projeter dans la classe et dissipe le mystère autour de cette nouvelle aventure. Lors de la rentrée des classes, journée parfois terrifiante, l'école sera pour lui un terrain plus familier.

---

**La parole aux mères**

Chez nous, en Suède, les parents ne laissent leurs enfants qu'une heure la première journée, puis

deux heures la deuxième, etc. Comme ça, les petits s'adaptent à la maternelle au fil du temps.
Patrycja, mère d'Osvald, quatre ans, et du nouveau-né Asta.

---

**Créer une routine avec un Bracelet Magique**. Le Bracelet Magique est un outil formidable pour lutter contre l'anxiété de séparation. Nous pouvons lire le chapitre 3 pour en fabriquer un et l'utiliser dans nos routines de séparation et de retrouvailles à la crèche comme à la maternelle.

**Dire au revoir avec un bisou dans la main.** Dans son très joli livre, *Le Bisou secret*[1], Audrey Penn raconte l'histoire d'un petit raton laveur qui a peur de son premier jour d'école. Sa maman, pleine de sagesse, embrasse la paume de sa main et lui explique que s'il s'inquiète, il peut la presser contre sa joue et se dire « Maman m'aime ». Elle ajoute que son bisou sautera de sa main à son visage et lui fera tout chaud au cœur.

Voilà une idée géniale, parce que l'enfant peut à tout moment poser discrètement sa main sur sa joue et se remonter le moral. C'est aussi une façon de reconnaître ses craintes et de lui faire savoir à quel point nous comprenons ses sentiments et souhaitons l'aider à trouver une solution.

---

1. *The Kissing Hand*, d'Audrey Penn, Tanglewood Press, 2003. Version française publiée en 2008 par les éditions Scholastic.

L'auteure termine l'histoire dans la même veine: le petit raton laveur offre son propre bisou dans la main de sa mère afin qu'elle passe également une bonne journée. Certains enfants s'inquiètent pour le bien-être de leurs parents quand ils sont séparés d'eux: voilà comment apaiser la plupart de leurs craintes.

**Garder son calme devant l'anxiété de son enfant.** S'il s'accroche à nos basques comme si sa vie en dépendait et explose en sanglots pendant que les autres adultes disent au revoir à leurs enfants pleins d'assurance, il y a de quoi se sentir troublée. De nombreux parents se sentent alors tristes et inquiets. Mais ces sentiments sont contagieux et risquent de décupler l'anxiété de l'enfant. À ce moment-là, il a désespérément besoin d'être rassuré par notre calme et notre confiance. Mettons des œillères, il ne s'agit pas de regarder les autres parents et leurs enfants, il s'agit de se concentrer sur le nôtre. Centrons-nous sur les aspects positifs de la maternelle et de la crèche et tout ce qu'elles ont à lui offrir. Ressassons-nous un mantra positif: *il va bien. Cette école est une bonne école. On y arrivera.* Notre sérénité est notre meilleur atout pour aider notre enfant. (Plus de précisions sur l'anxiété de séparation des parents au chapitre 6.)

---

**La parole aux mères**

Je préférerais nettement rester à la maison avec Anna plutôt que travailler. La laisser à la crèche est extrêmement difficile pour moi et j'ai compris que je devais

> faire attention à ne pas le lui montrer. Ma propre anxiété ne fait qu'augmenter la sienne. Chaque jour où nous sommes séparées, je dois me répéter : elle est en sécurité, on s'occupe bien d'elle. Maintenant, c'est là-dessus que je me concentre quand je la dépose, et je vois qu'elle s'en sort beaucoup mieux, elle aussi. On fait une sacrée paire !
> Jen, mère d'Anna, deux ans.

**S'assurer que l'enfant est au bon endroit.** Parfois, les problèmes d'anxiété de séparation ne sont pas une étape normale dans le développement de notre enfant, mais résultent d'une mauvaise adéquation entre lui et son mode de garde ou l'institution qui l'accueille. L'émotion qui nous assaille ne s'explique peut-être pas uniquement parce qu'il nous manque. Notre intuition nous avertit peut-être que quelque chose ne tourne pas rond. Soit notre enfant ne trouve pas sa place, soit les tempéraments de notre enfant et de la personne qui le prend en charge ne « s'accordent » pas. Dans son livre *Points forts, de la naissance à trois ans*[1], le docteur T. Berry Brazelton parle de l'anxiété de séparation lorsque l'enfant est pris en charge par une structure :

C'est le moment d'évaluer comment les professionnels à qui nous confions notre enfant le traitent. Passons

1. *Touchpoints – Birth to Three*, de T. Berry Brazelton, célèbre pédiatre américain. Seconde édition publiée en 2006 chez Da Capo Press. La version française est disponible en livre de poche depuis 1999.

les voir à l'improviste et observons notre petit : est-il heureux ? Essayons de comprendre si les personnes qui s'en occupent sont sensibles à son rythme, son cycle de sommeil, de jeu, ses heures de repas, etc. Quand il les regarde, sont-elles attentives à lui ? Lui offrent-elles une marque de respect, un petit signe de la tête appréciatif par exemple ? Si tout va bien, cela devrait nous aider à mieux gérer notre propre anxiété. Sinon, il est peut-être temps de changer de mode de garde.

## Il va à l'école des grands : l'entrée au CP

> Mon fils a adoré la maternelle, mais il est terrifié à l'idée de rentrer au CP dans quelques semaines. Il n'arrête pas de me dire qu'il ne veut pas me laisser pour entrer à « l'école des grands ». Je lui répète qu'il n'a rien à craindre, mais il insiste, il veut rester à la maison.

Même si notre enfant est allé à la crèche, puis à la maternelle, le passage au CP correspond à la découverte d'un monde totalement étranger. L'environnement, les attentes, l'interaction entre lui et son enseignant et ses nouveaux camarades de classe sont tous très différents de toutes ses expériences précédentes. Pour nombre d'entre eux, « l'école des grands » se nimbe de mystère, il va y avoir du travail, ils craignent confusément de ne pas y arriver. De plus, à cet âge, la maturité des enfants fait un bond. Ils examinent leur environnement d'une manière plus complexe et s'exposent ainsi à de nouvelles peurs, de nouvelles craintes qu'ils n'avaient pas avant, quand ils étaient « petits ».

Avant toute chose, notre première tâche pour aider notre enfant à surmonter sa peur consiste à lui confirmer que ses sentiments sont légitimes. Il a besoin que nous comprenions à quel point charger un sac sur son dos, se fendre d'un sourire puis se mettre en route pour l'école est loin d'être simple. En réalité, un seul regard sur son cartable peut provoquer en lui une spirale de doutes, d'inquiétudes et de frayeurs.

Tandis qu'il confronte ses craintes et tente de les dépasser, nous sommes son meilleur allié. Nous pouvons l'aider à gagner la confiance nécessaire pour rejoindre joyeusement ses camarades – armons-nous de temps, de patience et d'un programme d'action cohérent.

**Comprendre si le problème vient de son anxiété de séparation ou pas.** L'école angoisse les enfants pour de nombreuses raisons. L'anxiété de séparation en est une parmi d'autres : peut-être le courant ne passe-t-il pas entre lui et son maître ? Le travail demandé le préoccupe ? Les règles de vie en classe lui paraissent confuses ? Il rencontre une difficulté avec un de ses camarades ? Avant de nous atteler à ses peurs, il s'agit de l'écouter attentivement pour comprendre pourquoi il ne veut pas aller à l'école. Connaître ses raisons nous permettra d'élaborer des solutions appropriées.

**Encourager les amitiés avec des copains de classe.** Si nous lisons ces lignes en préparation de la rentrée, pourquoi ne pas essayer d'identifier d'autres enfants de sa classe ? Nous obtiendrons sans doute cette information en appelant l'école ou en posant des questions dans le voisinage. Une série d'après-midi jeux avant la rentrée lui permettra de se familiariser avec les autres. Le premier jour d'école, lorsqu'il découvrira un visage familier, notre enfant sera probablement soulagé d'une bonne partie de ses craintes. De plus, il pourra partager ses inquiétudes et son excitation avec son ami et réaliser qu'il n'est pas seul à vivre ces sentiments.

Une fois l'école commencée, l'enseignant peut nous signaler un ou deux copains avec lesquels il joue pendant les récréations ou échange en classe. Cela nous permettra d'organiser quelques séances de jeux, chez nous en premier lieu, puis chez les autres. Une amitié solide avec un ou deux autres camarades de classe peut renforcer son sentiment de sécurité pendant la journée.

**Mettre en place un covoiturage ou un pédibus avec une autre famille.** Emmener avec nous un autre enfant de la même école, de la même classe ou pas, à pied comme en voiture, facilite les choses.

Aller à l'école avec un compagnon peut améliorer l'humeur de tous pendant la routine matinale, alors n'hésitons pas à encourager le lien entre les enfants. Il est important de lutter contre notre envie de participer aux conversations des enfants, sauf pour lancer un sujet et les faire parler. Notre place est en arrière-plan pour leur permettre de s'attacher l'un à l'autre.

**Donner rendez-vous à un camarade à l'école.** S'il n'est pas possible de mettre en place un pédibus ou un covoiturage, nous pouvons fixer un rendez-vous au copain à l'école, à un endroit où ils pourront se retrouver avant leur entrée en classe : devant les grilles, à quelques mètres de la porte… suffisamment loin pour marcher ensemble sur une courte distance. Nous créons ainsi une brève transition entre « moi et Maman » ou « moi et Papa » et « moi et mon copain ». Suivons les enfants, laissons-les parler. Évitons le mode parent/surveillant, avec injonctions « Doucement ! » « Ferme ton manteau ! » ou rappels « N'oubliez pas de rendre vos livres à la bibliothèque, aujourd'hui ». Notre objectif est de nous fondre dans le décor et de devenir invisible.

Au début, si notre enfant ne veut pas nous lâcher la main, ce n'est pas un problème. Restons silencieuses, n'intervenons pas, sauf pour engager la conversation, si nécessaire. Relâchons lentement la pression de notre main sur la sienne et essayons de ne pas interrompre ses échanges avec son copain quand nous partons. Lançons un « au revoir » rapide et joyeux, ou serrons-le brièvement dans nos bras avec un « À plus tard. Bonne journée ! ».

**Créer une routine avec un Bracelet Magique**. Le chapitre 3 nous propose d'utiliser un Bracelet Magique pour alléger les craintes de notre enfant. Dans le contexte d'une anxiété de séparation à l'école, le Bracelet Magique donne des résultats sensationnels. Quand nous nous séparons, il suffit d'intégrer le bracelet au rituel : tout simplement en disant au revoir tout en serrant le bracelet – et le bras auquel il est attaché.

Si nous connaissons d'autres camarades de classe souffrant d'anxiété de séparation, parlons du Bracelet Magique avec leurs parents, voire même avec l'enseignant. Quand il est porté par plusieurs enfants, le bracelet peut devenir un outil de mise en lien. Il les aide à comprendre que leurs émotions sont légitimes et entendues.

**Engageons-nous dans une activité partagée.** Notre petite résiste peut-être à l'idée d'entrer au CP simplement parce qu'elle considère que cela sonne le glas de nos temps de jeux. Or ce n'est pas la fin, juste un changement et nous pouvons lui prouver : choisissons un projet nécessitant du temps, un puzzle par exemple à construire de jour en jour, ou une activité manuelle, et mentionnons ce projet quand nous déposons notre enfant à l'école ou quand nous la récupérons. Elle attendra ce moment avec impatience. En consacrant ne serait-ce que quinze minutes par jour à cette activité, nous nourrissons le lien qui nous unit à elle.

**Manier les jours maladie avec prudence.** Souvent, les enfants souffrant d'anxiété de séparation et désirant rester chez eux nous diront qu'ils ont mal à la tête ou mal au ventre. En tant que parents, nous sommes alors confrontés à un dilemme : accuserons-nous notre enfant de feindre la maladie, ou l'autoriserons-nous à rester à la maison ? Si le doute persiste et que nous le laissons rester chez lui, il est important de le considérer comme malade jusqu'à l'heure du coucher, ce qui revient à limiter la télévision, les jeux, et à lui demander de passer une majeure partie de sa journée au lit, à lire, à écouter de la musique, à se reposer. Une telle journée de repos fera du bien à un enfant vraiment malade, tandis qu'elle l'ennuiera s'il est en bonne santé. Il en viendra peut-être même à attendre son retour à l'école avec impatience.

## Quand une naissance perturbe l'aîné

> Depuis que nous sommes rentrés à la maison avec notre bébé, son aîné, qui a trois ans, souffre d'une forte anxiété de séparation. C'est clairement lié à l'arrivée du bébé. Est-ce normal ? Que peut-on faire ?

Tout changement majeur dans la vie d'un enfant peut provoquer son besoin de se rapprocher de ses parents, à la fois émotionnellement et physiquement. L'addition d'une nouvelle personne dans la famille est un bouleversement colossal ! Non seulement la structure de la famille change, mais aussi la routine quotidienne, le temps dont nous disposons pour jouer et l'atmosphère émotionnelle de notre foyer. L'enfant plus âgé nous colle pour plus de soutien et de réconfort et c'est normal. Il se demande probablement comment ce nouveau venu modifie sa place dans la famille et si ce dernier interférera avec notre disponibilité pour lui. Tant que tous les détails n'ont pas été finalisés, que notre famille ne s'est pas installée dans sa nouvelle configuration, il est important de répondre à l'anxiété de séparation de l'aîné avec sensibilité.

---

**La parole aux mères**
Depuis la naissance des jumeaux, Tristan a davantage besoin d'être tout près de moi. Je n'arrive pas à le convaincre que je ne l'abandonnerai jamais et cela me brise le cœur. À la maison, il est partout, tout le temps, avec moi, il m'accompagne de pièce en pièce et c'est très frustrant, surtout en ce moment, je suis débordée ! Je ne peux pas aller aux toilettes toute seule, je ne peux pas coucher les jumeaux sans qu'il vienne me chercher, même si je lui dis toujours où je vais et que je reviendrai dans quelques minutes.
Linda, mère de Tristan, quatre ans, et des jumeaux Talie et Taryn, dix mois.

---

**De la patience, de la patience, et encore un peu plus de patience.** Si notre aîné n'a jamais souffert d'anxiété de séparation avant l'arrivée du bébé, alors cette phase sera sans doute de courte durée. S'il en a déjà ressenti, mais s'en était débarrassé, cette rechute ne durera probablement pas, mais elle n'en sera pas moins problématique, alors même que nous croyions avoir dépassé ce stade. La meilleure approche, à mon avis, est de l'accepter : ce changement majeur dans la famille demande des ajustements et du temps d'adaptation.

**Ne pas s'attendre à ce qu'il grandisse d'un coup.** À l'arrivée d'un nouveau-né, minuscule petit être, il est tentant de subitement considérer l'aîné comme bien plus grand et plus âgé. Sans le vouloir parfois, les parents modifient la façon dont ils le traitent, augmentant le niveau de leurs exigences du jour au lendemain. Nous désignons souvent l'aîné comme « le grand frère », « la grande sœur », même si c'est encore un bambin. Or, alors que nous changeons notre perspective et le voyons « grand », lui se débat avec de nouvelles émotions qui peuvent lui procurer au contraire des sensations de « petitesse » : il régresse dans certaines aires de son développement et réclame davantage de temps et d'attention. Il est important de lui permettre de prendre son temps pour s'épanouir dans ses chaussures de « grand » et gagner progressivement et lentement en maturité. Veillons à ne pas le pousser à grandir trop vite.

**Raviver les vieilles idées.** Si notre enfant a déjà souffert d'anxiété de séparation, réexaminons les solutions qui ont marché pour nous par le passé. Inspirons profondément et armons-nous d'une petite dose de patience supplémentaire. Les choses ne seront plus jamais comme elles étaient. La vie a changé pour notre famille. Avec le temps, tout se stabilisera et redeviendra de nouveau « normal », confortable.

**Se donner l'objectif de quelques courtes sessions de jeu chaque jour.** Un bébé monopolise presque tout notre temps et notre attention. Un soudain accès d'anxiété de séparation chez l'aîné peut être un appel. Lui offrir quinze minutes ininterrompues de présence et d'écoute une ou deux fois par jour peut l'aider à se sentir suffisamment aimé pour nous lâcher lorsque nous devons nous occuper du bébé. N'hésitons pas à baptiser cette période spéciale, le « temps-de-Maman » et positionnons notre minuteur sur un quart d'heure. Annonçons à notre enfant qu'il peut faire ce qu'il veut avec nous jusqu'à la sonnerie. Une fois qu'il aura compris cette règle, il attendra ce moment avec joie et se délectera de ces petites bribes d'attention rien que pour lui.

## Comment l'aider à passer la nuit tout seul

> Tous les soirs au moment du coucher, ma fille fait une crise de ce qui ressemble à de l'anxiété de séparation. Dès que nous la laissons seule, elle pleure à faire pitié, alors nous finissons toujours par l'autoriser à venir dans notre lit. Est-ce dû à l'anxiété de séparation? Comment pouvons-nous l'aider à dormir toute seule?

Oui, l'anxiété de séparation peut causer ce type de comportement, mais il est aussi fort possible qu'il s'agisse d'autre chose. Si une seule des propositions suivantes est vraie, alors ce qu'exprime notre enfant n'est pas de l'anxiété de séparation :

- Elle nous rejoint dans notre lit depuis sa toute petite enfance, ou depuis très longtemps.
- En réponse à ses pleurs ou à ses peurs, nous la ramenons toujours dans notre lit, ou nous nous allongeons dans le sien, près d'elle.
- Elle a besoin de nous pour s'endormir, que nous la bercions, la caressions, ou procédions autrement.
- Elle fait ses siestes dans nos bras ou à nos côtés.
- Elle s'endort toujours en notre présence, jamais ou rarement seule.
- Elle ne manifeste pas de signes majeurs d'anxiété de séparation pendant la journée.
- Elle a moins d'un an.

Les indications ci-dessus nous enseignent qu'elle préfère nettement dormir avec nous. Nous sommes devenus un rouage important de son sommeil. Dans ce cas, nous pouvons créer une nouvelle routine du coucher pour l'aider à modifier ses habitudes.

Si les affirmations suivantes sont vraies, alors l'anxiété de séparation est vraisemblablement la cause de son problème d'endormissement :

- Nous n'avons jamais dormi avec elle de manière régulière.
- Jusqu'à présent, le coucher ne posait aucun problème : ses craintes sont soudaines et nouvelles.
- Sa nervosité apparaît pendant la routine du coucher.

- Elle refuse d'aller dans une autre pièce si celle-ci est vide ou dans le noir.
- Elle exige notre présence pendant l'intégralité de notre routine avant le coucher.
- Normalement, elle dort toute la nuit une fois couchée.
- Elle pleure dès qu'elle se réveille ou se précipite pour nous retrouver dès qu'elle ouvre les yeux.
- Elle donne des signes d'anxiété de séparation pendant la journée.
- Elle a plus d'un an.

Souvent, les signes énumérés dans cette seconde liste manifestent non pas un problème de sommeil, mais une anxiété de séparation spécifique au coucher. Pour un certain nombre d'enfants, la peur d'être tout seul dans le noir devient la source de nouvelles difficultés surgissant à l'heure où ils se mettent au lit.

Comprendre l'origine du problème nous aidera à compiler le bon assortiment de solutions. Cela dit, peu importe la raison pour laquelle elle n'arrive pas à dormir seule : de nombreuses solutions restent identiques.

**Comprendre pourquoi l'anxiété de séparation influe sur le sommeil.** En y réfléchissant bien, la plus longue séparation entre nous et notre enfant s'effectue habituellement la nuit quand nous dormons. Nous sommes alors séparés pendant huit à douze heures. Même si nous sommes aussi séparés l'un de l'autre en journée, il est alors en compagnie d'autres adultes, d'autres enfants. Il a associé le sommeil à une longue séparation, une période prolongée d'isolement.

---

**La parole aux professionnels**
Les petits ont souvent plus de facilité à être seuls la journée que la nuit. La principale raison pour laquelle nous sommes consultés est le refus de dormir. Les enfants qui ont peur de dormir seuls tendent aussi à avoir des difficultés à être seuls pendant la routine du soir, pour mettre leur pyjama, se brosser les dents, etc. Résultat : l'heure du coucher devient un cauchemar pour toute la famille.
Docteurs Andrew R. Eisen et Charles E. Schaefer, auteurs de *L'Anxiété de séparation chez les enfants et les adolescents : une approche individualisée du diagnostic au traitement*[1].

---

Pendant la nuit, il se réveille brièvement un certain nombre de fois entre ses cycles de sommeil, aspect normal du sommeil chez les humains. Quand il ouvre les yeux et découvre sa solitude, il peut être pris d'un accès de panique. Comme cela se produit toutes les nuits, il résiste et nous pose des difficultés au moment où il comprend que cette longue séparation commence, c'est-à-dire quand nous le mettons au lit.

**Ne pas laisser son enfant pleurer jusqu'à épuisement.** Quand elle se débat avec son anxiété de séparation

1. *Op. cit.*

au moment du coucher, ces émotions résultent de son profond besoin d'être avec nous : nous sommes sa source de sécurité.

S'occuper de ses peurs de la nuit en la couchant et en la laissant se débrouiller toute seule, surtout si cela déclenche ses larmes, n'est pas la meilleure preuve de respect pour notre relation. Notre réceptivité à son anxiété du soir lui montre qu'elle peut nous faire confiance, que nous sommes là pour l'aider à traverser des situations difficiles.

Ne craignons pas de la gâter excessivement avec notre amour ou en lui fournissant l'attention dont elle a besoin au moment de se coucher ou quand elle se réveille la nuit. Plus nous comblons ses besoins d'attachement, plus vite elle dépassera ses anxiétés et ses insécurités.

---

**La parole aux professionnels**

Un enfant développe sa confiance lorsque ses besoins primaires sont satisfaits. Quand un bébé s'endort persuadé que sa figure d'attachement sera là pour lui en toutes circonstances, il développera une attitude positive envers le monde.

Jim Fay, auteur et fondateur du Love and Logic Institute[1].

---

1. L'Institut de l'Amour et de la Logique, société distribuant un programme d'aide à la parentalité, sous forme de livres, de DVD et de conférences.

**Se séparer le moins possible à l'heure du coucher.** Il est tout à fait acceptable et en fait même mieux, pour l'instant, d'éviter les séparations au moment du coucher. Très vite, il dépassera cette phase et passera à une autre étape de son développement. En lui offrant une petite dose supplémentaire de compréhension, nous lui permettons de prendre confiance en lui et le préparons pour cette prochaine étape.

**Créer et respecter une routine extrêmement spécifique au coucher du soir.** Si chacune de ses soirées se déroule de façon totalement prévisible, l'enfant se détend et se sent en sécurité. Elle n'a pas le temps de se perdre dans des suppositions ou de se poser de questions. Un poster peut résumer le rituel, étape par étape. N'hésitons pas à personnaliser l'affiche au moyen de découpages issus de magazines, de vraies photos d'elle à chaque moment clé. Nous aurons créé un nouvel outil non seulement amusant, mais aussi rassurant. Dans le cadre de notre routine, laissons de la place à la détente, avec de la musique, des chansons, un massage du dos, de la lecture, des chuchoteries…

**S'entraîner avec des mini-séparations sécurisantes.** Pendant notre soirée, provoquons des séparations brèves. Au beau milieu de la routine, ou juste après avoir bordé notre enfant dans son lit, avant de lui raconter une histoire, absentons-nous un court instant dans une autre pièce, allons aux toilettes ou boire un verre d'eau.

**Briefer les baby-sitters.** Quand une autre personne couche notre enfant, pour la sieste ou pour la nuit, il est utile de lui détailler la routine exacte, quitte à la lui écrire (ou utiliser le poster décrit plus haut) afin que sa soirée puisse ressembler au plus près à son déroulement habituel.

**Utiliser les outils pendant la journée.** Si notre petite arrive à mieux gérer son anxiété de séparation dans la journée, la séparation du soir se passera mieux. Appliquons les idées rassemblées dans ce livre et notamment celle consistant à la laisser elle-même initier des séparations. Ces séances d'entraînement l'aideront à prendre confiance pour faire face à toutes sortes de séparations.

**Pratiquer le doudou.** Nous pouvons l'encourager à s'attacher à une couverture spécifique, à une peluche ou à tout autre jouet douillet avec lequel elle pourra dormir. Ce doudou la réconfortera pendant ses siestes et ses nuits, elle se sentira accompagnée et en sécurité.

**Adopter un animal de compagnie.** Si elle refuse de dormir seule la nuit, poussons l'idée du doudou d'un cran : peut-être un animal à ses côtés l'apaiserait-il ? Je recommande les animaux silencieux, faciles à vivre. Une tortue, une grenouille, des poissons, voilà des compagnons de chambre d'entretien facile. Mieux vaut éviter les animaux nocturnes, tels les hamsters. Ils ont tendance à actionner leur roue grinçante au beau milieu de la nuit ! Par ailleurs, jamais de chat ou de chien avec un enfant souffrant d'allergie ou d'asthme !

**Accepter le fait qu'un seul parent soit le « roi » ou la « reine » du soir.** Ne le prenons pas personnellement si seul l'autre parent est accepté pour la routine du coucher.

De nombreux enfants traversent une phase où ils s'attachent à l'un ou à l'autre des parents, et cette élection peut être encore plus prononcée lorsqu'ils sont fatigués. L'autre parent le supporte parfois avec difficulté, tout comme les grands-parents, les baby-sitters, les amis. Nous pouvons les rassurer en leur expliquant qu'il s'agit d'une phase de transition normale du développement de l'enfant : avec le temps et un peu de patience, ça passera.

Si nous désirons transmettre la routine du soir à une seconde personne, procédons étape par étape. D'abord, elle n'est qu'observatrice. Ensuite, elle participe. Puis elle fait et nous passons en position d'observateur. Nous pouvons enfin lui déléguer complètement la routine du soir. À ce stade, choisissons de nous rendre dans une pièce éloignée pour permettre à notre enfant et à l'adulte qui le prend en charge de trouver leur propre rythme.

**Faire appel à un remplaçant imaginaire.** Avec un petit en âge d'aller en maternelle et disposant d'une imagination fertile, nous pouvons tester l'ajout d'une étape supplémentaire à la routine du soir : avant de quitter sa chambre, donnons-lui une « mini-Maman » ou un « mini-Papa » avec qui dormir. Tout simplement, tendons-lui nos mains en coupe, comme si nous tenions quelque chose, et faisons semblant de lui offrir une version réduite de nous-mêmes. Demandons-lui s'il peut nous rendre la pareille pour emporter sa version miniature avec nous. Si l'idée prend, « mini-Maman » pourra servir pour les séparations de jour aussi.

**Envisager de mettre en place un cododo avec un frère ou une sœur.** Si l'enfant a besoin de compagnie la nuit, elle appréciera de partager une chambre, ou un lit, avec un frère ou une sœur. Attention, ne plaçons jamais un nouveau-né dans le lit d'un grand frère ou d'une grande sœur. Pour sa sécurité, attendons au moins ses dix-huit mois. Jumeaux, triplés, ou plus, et même enfants d'âges proches sont souvent plus heureux et plus en paix s'ils dorment avec leur frère ou sœur. Envisageons juste de rester à leur chevet et de leur lire une histoire afin d'éviter que la soirée ne dégénère en séance de jeux. De nombreux frères et sœurs sont très contents de passer la nuit ensemble, et parfois cela les aide à devenir amis très jeunes, tout en réglant le problème de l'anxiété de séparation.

**Tirer parti de musiques relaxantes ou de sons de la nature.** Pour certains enfants, se trouver dans le noir et dans le silence provoque des pensées angoissantes. Nous pouvons emplir ce silence de berceuses ou de bruits de fond : des vagues sur une plage, une averse de pluie, ou toute autre ambiance sonore apaisante.

**Gérer les réveils en pleine nuit avec une routine spécifique.** Les enfants souffrant d'anxiété de séparation combattent parfois le sommeil parce qu'ils n'aiment pas se réveiller seuls et terrifiés. En nous organisant pour les réveils de nuit, nous aidons l'enfant à se détendre, suffisamment pour qu'elle retrouve le sommeil. Notre programme peut inclure une petite gorgée d'eau, un câlin avec un animal en peluche, mettre le CD des berceuses, ou penser à quelque chose de plaisant.

---

**La parole aux mères**

Notre fille ne s'était pas attachée à un doudou et venait souvent la nuit dans notre lit. J'ai remarqué qu'elle s'accrochait toujours à ma chemise pendant que je lui donnais le sein, alors je lui ai offert un de mes hauts de pyjama. Elle se l'est approprié immédiatement et je l'ai souvent retrouvée pelotonnée dedans le matin, quand je venais voir si elle allait bien. Elle a trois ans, maintenant, et son doudou l'aide encore à s'endormir quand elle l'a à côté d'elle, dans son lit.

Lisa, mère de Berit, trois ans, et de Marta, deux ans.

---

**Bavarder avant de s'endormir.** Pour diverses raisons, notre fils n'a pas envie de se séparer de nous au moment de s'assoupir. Pourquoi ne pas lui réserver un court instant, lumières éteintes, pour bavarder avec lui, juste avant son endormissement ? Nous pouvons ajouter ces quelques minutes d'échanges à notre routine du soir. Nous l'autorisons ainsi à terminer sa journée en partageant ses pensées avec nous.

**Proposer un massage.** Les massages aident à se détendre, à se débarrasser du stress. Ils le mettent en état de relaxation, de somnolence, rendant notre départ de la chambre plus facile à accepter. Il s'endormira peut-être aussi plus rapidement.

---

**La parole aux professionnels**

Le jour, les humains, enfants compris, sont occupés et distraits. Quand les lumières s'éteignent et que le silence s'installe, les problèmes émotionnels non résolus dans la journée nous assaillent. Avancer un tout petit peu l'heure du coucher de notre enfant pour pouvoir passer du temps à le câliner dans le noir, c'est l'un des plus beaux cadeaux que nous puissions lui offrir. Faut-il résoudre les problèmes à ce moment-là? Non. Écouter, c'est tout. Accueillir les émotions. Rassurer l'enfant en lui soulignant combien nous comprenons son souci et que nous le résoudrons ensemble… demain. Et bien sûr y être attentifs le lendemain. Ce faisant, notre relation avec notre enfant se renforce de manière impressionnante (et il s'endort plus facilement).

Docteur Laura Markham, AhaParenting.com[1].

---

Les massages sont plus efficaces s'ils sont pratiqués à la toute fin de la routine du soir. Une fois les dents brossées, après le pipi (ou la couche) et le dernier verre d'eau. Détendu, l'enfant s'endormira doucement, calmement.

Les massages réguliers lui permettent d'associer relaxation et sommeil avec son lit. Cette association est déterminante pour l'aider à trouver le sommeil tout seul.

---

1. Le site du docteur Markham est en anglais uniquement. Son livre *Peaceful Parent, Happy Kids: How to Stop Yelling and Start Connecting* (Parents calmes, enfants heureux: comment arrêter de crier et se relier à l'autre) n'est pas disponible en français.

**Terminer avec un livre audio.** La lecture facilite son apaisement, sauf qu'elle requiert notre présence à ses côtés. Nous pouvons continuer à lui lire des livres, ingrédients importants de son développement intellectuel et excellents supports pour nous connecter l'un à l'autre. Cependant, si nous souhaitons l'encourager à s'endormir toute seule, alors limitons le nombre de livres, ou le temps de lecture. Quand celui-ci arrive à son terme, éteignons la lumière et démarrons un livre audio pour une écoute en solo. En suivant un enregistrement dans le noir, elle oubliera ses inquiétudes, se détendra et s'assoupira.

## Quand se rendre à un anniversaire pose problème

> Ma fille est en maternelle. Plusieurs de ses amies l'ont invitée à jouer chez elles ou à leurs anniversaires, mais elle refuse d'y aller. Je trouve que c'est dommage. Dois-je la forcer à s'y rendre ?

À cet âge, les enfants commencent à participer à des événements en société, et font leurs débuts dans les après-midi jeux ou anniversaires, formidables occasions d'ouvrir leurs horizons. Cela dit, notre bambin a toute la vie devant lui pour socialiser. Tant qu'il n'est pas prêt à franchir le pas, quelques opportunités ratées n'ont rien de grave. Pour de nombreux enfants, le déclic pour se rendre aux fêtes pour enfants ne se produit pas avant le CP, voire même le CE1. Si le nôtre a envie de participer, mais a besoin d'un petit coup de pouce pour accepter l'invitation, voici ce qu'il est possible de faire :

**S'entraîner : répéter, faire semblant, se préparer.** Certains enfants souffrent d'anxiété de séparation parce qu'ils redoutent l'inconnu. Ils s'accrochent à leurs parents parce qu'ils leur sont familiers. Nous pouvons les aider à pénétrer en territoire nouveau en organisant un jeu de rôle qui les mettra en situation bien avant l'événement.

Prenons l'exemple de Juan, cinq ans. Il a été invité à plusieurs fêtes, mais a toujours refusé d'y aller. Il reçoit un carton pour l'anniversaire de Steffen. Ses parents pensent qu'il peut s'y amuser s'il arrive à surmonter ses craintes. Voici ce qu'ils mettent en place :

Tout d'abord, la mère de Juan appelle les parents de Steffen et leur explique l'anxiété de séparation de son fils. Elle les informe que ce sera une grande première pour Juan. Elle leur demande ce qu'ils ont prévu pour la fête et s'il y aura un thème.

Le lendemain, elle propose à Juan de jouer à « la fête d'anniversaire » pour l'aider à comprendre comment un tel événement fonctionne. Puisant dans leur imagination et à l'aide de quelques chapeaux en papier et de jouets enveloppés dans du papier journal, Juan et ses parents font semblant de fêter l'anniversaire de Steffen, avec le Papa de Juan dans le rôle du copain. Ils commencent avec l'arrivée de Juan devant la porte d'entrée, puis ils jouent à des jeux typiques pour ces rencontres et mangent le gâteau. Puis Papa ouvre les « cadeaux ».

Après, ils parlent de l'anniversaire de Steffen et en quoi il pourrait ressembler ou différer de leur jeu. Pendant quelques jours, ils discutent de l'anniversaire de Steffen tranquillement. La mère de Juan rapporte de la bibliothèque plusieurs livres sur des anniversaires. Ils les lisent ensemble pour affiner la préparation de Juan pour ce grand jour.

**Commencer par recevoir chez soi.** Si notre petite est nerveuse à l'idée de participer à un événement loin de chez elle, nous pouvons l'aider à faire le tri de ses sentiments en organisant d'abord des après-midi jeux chez nous. Premier avantage : nous cassons la routine de notre enfant et introduisons de nouvelles activités dans sa journée. Ensuite, si plusieurs camarades de classe lui ont déjà rendu visite chez nous, elle sera moins déstabilisée lorsqu'elle les retrouvera à l'anniversaire d'un autre, parce qu'elle aura socialisé avec eux en dehors de l'école ou de la crèche.

**Organiser un covoiturage.** Quand notre petit est invité à un anniversaire, proposons à un ou deux autres enfants invités de le rejoindre chez nous pour une avant-party. Laissons-les jouer pendant une heure environ, puis emmenons-les ensemble à la fête : notre enfant s'est lié à eux, donc il devrait s'insérer dans le groupe plus facilement que s'il s'y rendait tout seul.

## Comment l'aider à dormir chez un copain

Mon fils est en CM1, mais il n'a jamais passé la nuit chez un copain. Il dit que cela ne l'intéresse pas, mais je sais qu'il a peur de s'ennuyer de sa famille. Il dort toujours avec son ours en peluche, qui est en lambeaux, mais il ne trouverait pas le sommeil sans.

Dans la vie d'un petit, dormir chez un copain est une étape majeure. Certains la franchiront dès la maternelle, d'autres ne feront le saut qu'en CE2 ou en CM1, ou encore plus tard. Détendons-nous : s'il ne passe aucune nuit chez un copain, sa vie n'en sera pas pour autant brisée. De la même manière, accepter une telle invitation, lorsqu'il le souhaitera, ne le rendra pas heureux pour toujours. Le bon moment pour dormir chez un copain ? C'est quand il est prêt !

Ses camarades de classe le sont peut-être déjà : cela ne signifie en aucun cas qu'il doit l'être. S'il s'agit d'un événement facultatif, laissons-le décider par lui-même. Si l'enjeu est plus important, pour une classe verte, une classe de neige ou une colonie de vacances, alors encourageons-le tout en finesse : soyons attentifs au fait qu'il sort de sa zone de confort et veillons à lui faciliter les choses.

**La parole aux professionnels**

Notre enfant a effectivement besoin de faire face à des situations de séparations. Mais il est important de

comprendre qu'il doit se confronter à ses peurs à son propre rythme. Si nous le poussons trop, il peut se refermer sur lui-même et refuser le moindre effort.
Docteurs Andrew R. Eisen et Charles E. Schaefer, auteurs de *L'Anxiété de séparation chez les enfants et les adolescents : une approche individualisée du diagnostic au traitement*[1].

S'il veut dormir chez un copain, mais est freiné par ses craintes, ses inquiétudes ou par l'anxiété de séparation, voici quelques idées :

**Envisager une modification du programme.** Si des options nous sont proposées, profitons-en. Par exemple, peut-être pouvons-nous le laisser pour la soirée et revenir le chercher juste avant de le mettre au lit. Cela lui permettra de s'amuser sans avoir à se soucier de l'heure du coucher.

**S'entraîner.** Pour réduire sa peur de l'inconnu, jouons à faire semblant de dormir chez un copain. Cette répétition générale peut lui montrer les différents aspects de l'événement, comme enfiler son pyjama dans une maison qu'il ne connaît pas ou nous téléphoner s'il s'inquiète. Rappelons-lui quelques « bonnes manières » : débarrasser son couvert et le mettre dans l'évier, faire son lit, se montrer poli. En centrant son attention sur les détails du déroulement de la soirée, nous éliminons une bonne part d'incertitude.

1. *Op. cit.*

**L'autoriser à recevoir à la maison d'abord.** Avant de l'envoyer dormir chez quelqu'un, laissons-le passer une nuit avec un copain chez lui. Il changera sa routine pour un soir et vivra « une nuit avec son ami » dans la sécurité de sa propre maison.

**Bien choisir la famille.** Porter notre choix sur le copain dont les parents ont des méthodes éducatives semblables aux nôtres maximise les chances de réussite. S'il commence à s'inquiéter au moment du coucher, ou se réveille la nuit, nous pourrons compter sur un parent compatissant qui le rassurera et l'aidera tranquillement à retrouver le sommeil.

Pour une bonne première nuit à l'extérieur, pensons à solliciter les grands-parents ou tout autre membre de notre famille, surtout si notre petit connaît bien leur maison. Si une première nuit chez ses grands-parents se déroule bien, il aura confiance pour faire l'expérience de dormir sous un autre toit.

**Bien choisir le lieu.** Pour les toutes premières expériences, si l'atmosphère de la maison hôte ressemble à la nôtre, cela facilitera les choses. Si notre maison fourmille d'enfants partageant leurs chambres, de chiens se baladant dans les couloirs et si la télévision reste allumée toute la soirée, alors il ne se sentira pas très à l'aise chez un enfant unique, sans animaux de compagnie, dans une famille où le silence règne après le rituel du coucher. À l'inverse, si notre maison est calme et toute en retenue, il risque d'être submergé dans un foyer grouillant de gens vivant dans un bruit de fond permanent.

**Cacher le doudou dans un endroit secret.** Une fois plus grand, il aura peut-être honte d'emporter son doudou, tout en n'arrivant pas à s'endormir sans, surtout dans un nouveau lieu. La meilleure solution est de lui préparer son propre sac de couchage, ou son propre oreiller, dans lequel nous dissimulons son doudou : chez son copain, il ne sera pas obligé de mentionner qu'il dort avec un doudou et il l'aura quand même à ses côtés pour le rassurer et l'aider à s'assoupir.

**Lui donner le moyen de partager l'événement avec nous.** Manifester notre intérêt pour sa soirée peut la motiver. Glissons un carnet de notes et un stylo dans son sac pour lui permettre d'écrire ce qu'elle fait ou fournissons-lui un appareil photo jetable. Cette mission peut l'aider à voir la soirée à travers nos yeux et à s'amuser encore plus.

**Prévoir les pipis au lit.** Mieux vaut avoir un plan pour les éventuels pipis au lit chez le copain. Certaines couches spéciales pour enfants ressemblent à de vraies culottes. Procurons-nous-en et étudions avec notre enfant ses options pour se changer chez son ami. Nous lui aurons choisi le pyjama le plus large possible, le moins moulant (ou un T-shirt ou une chemise de nuit). Aidons-le à anticiper pour qu'il se souvienne de ne pas trop boire après le dîner, d'éviter les boissons gazeuses et d'aller aux toilettes deux fois avant de se mettre au lit. Dans son sac, nous pouvons glisser une seconde couche en cas d'accident au milieu de la nuit et un sac en plastique pour jeter à la poubelle la couche mouillée ou la rapporter à la maison, s'il est gêné que ses hôtes la voient.

**Suggérer un endroit spécial pour dormir.** S'il dort chez un ami dans un lit normal dans une chambre d'enfant, cela peut ressembler un peu trop à chez lui, tout en étant suffisamment différent pour déclencher sa nostalgie. Souvent, cela se passe mieux si les enfants dorment dans des sacs de couchage à même le sol, dans une tente faite de bric et de broc, dans une autre pièce de la maison. Le côté pittoresque de l'expérience peut empêcher l'apparition des peurs du soir.

**Prévoir une possibilité de nous joindre.** Il sera soulagé si nous lui annonçons qu'il peut nous téléphoner jusqu'à une certaine heure de la soirée. Il peut dire à la maman de son copain : « Je ne me sens pas bien. Je voudrais appeler mes parents. » Ne croyons pas qu'il exagère : « ne pas se sentir bien » évoque autant une souffrance physique qu'émotionnelle. Nous pouvons même prévoir une phrase codée entre nous pour qu'il puisse signaler son souhait de rentrer à la maison. Le lendemain, nous pourrons reparler de ce qui se sera passé en le félicitant d'avoir tenté l'expérience et d'être resté si longtemps. En évitant les retours négatifs sur l'interruption de sa soirée, nous l'encourageons à réessayer.

## Comment passer de bonnes vacances sans nos enfants

Nous avons la possibilité de partir en vacances à Hawaii, en couple, juste nous deux : un ami nous prête sa maison. Papi et Mamie ont proposé de garder nos enfants toute la semaine. Je suis partagée. J'ai très envie de profiter de l'occasion, mais je m'inquiète beaucoup de l'anxiété de séparation des enfants, tellement, en fait, que je pense annuler notre voyage !

Dès que nous devenons parents, toutes nos décisions prennent en compte notre relation avec nos enfants. Nous ne sommes certainement pas les premiers à envisager de décliner une magnifique invitation pour épargner un stress émotionnel à nos petits. Cependant, si des adultes affectueux, responsables, volontaires et bien connus de nos enfants sont disponibles pour s'en occuper, ne laissons pas notre inquiétude nous empêcher de foncer sur cette occasion. Nous ne nous détendrons peut-être qu'au bout d'un jour ou deux et de quelques coups de téléphone, mais ce sera probablement un superbe moment pour tout le monde.

**La parole aux mères**

Quand j'ai annoncé à ma fille que je partais en voyage pour quelques jours et que ses grands-parents venaient à la maison, elle l'a très mal pris. Je lui ai rappelé qu'ils

étaient déjà restés plusieurs fois et lui ai raconté tout ce qu'ils avaient fait ensemble. Quand ils sont arrivés avec des gâteaux, elle avait oublié toute sa tristesse ! Je lui ai dit au revoir et ai initié pour elle un jeu de cache-cache avec sa grand-mère et son petit frère : ils étaient tous très occupés tandis que je franchissais le seuil de la maison sans difficulté.
Sarah, mère d'Alasia, trois ans, et de Mattias, un an.

---

**Faire preuve de créativité pour inventer une façon de se souhaiter bonne nuit.** De nombreux livres pour enfants utilisent la lune ou les étoiles, visibles la nuit de tout le monde, comme moyen de se dire « bonne nuit » malgré la distance. Mais si notre enfant se couche avant la tombée de la nuit, ou si le ciel est couvert de nuages, ça ne marche pas. Voici quelques idées pour mettre au point une méthode infaillible pour ce message du soir :

- Encadrer une photo de famille à mettre sur son chevet.
- Enregistrer une berceuse ou une phrase spéciale pour le soir.
- Lui donner une carte sur laquelle nous aurons écrit : « Fais de beaux rêves. »
- Enfiler une de nos chemises sur un animal en peluche pour le câlin du soir.

Demandons à la personne responsable du rituel d'insérer ce bonsoir très tôt dans la routine, surtout pas juste avant l'extinction des feux, car cela pourrait alors provoquer une crise d'anxiété de séparation, exactement ce que nous cherchons à éviter.

**Évaluer l'impact émotionnel de nos appels téléphoniques.** Certains enfants adorent parler à leurs parents quand ils sont loin. D'autres sont encore plus tristes après leur conversation. Si nos enfants aiment nos coups de fil, restons brefs et enthousiastes. Racontons-leur quelque chose d'intéressant. Dispensons-les de généralités du type « Comment vas-tu ? » et posons plutôt des questions très précises, sur ce qu'ils ont fait, comme : « Ta Mamie m'a dit que vous avez fait des gâteaux ? Des gâteaux à quoi ? »

**Fabriquer un album photo.** Avant notre départ, rassemblons en un album des photos de famille où on nous voit rire et nous amuser. Donnons-le à nos enfants : ils pourront le consulter à volonté.

**Leur préparer des lectures du soir.** Pourquoi ne pas enregistrer notre voix lisant des histoires. Pour les plus jeunes, nous pouvons raconter des livres d'images. Nous pouvons utiliser une petite cloche ou tout autre son pour indiquer le moment de tourner la page. Il pourra regarder les images et suivre le livre en écoutant notre voix.

En nous organisant à l'avance, nous pouvons enregistrer toutes nos lectures du soir, puis les laisser en libre accès. Les enfants adorent entendre plusieurs fois la même histoire. En plus, ils pourront parfois reconnaître leur voix à côté de la nôtre et cela leur rappellera de bons souvenirs.

Le coucher est le moment le plus évident pour leur passer ces enregistrements, mais ce n'est pas toujours le meilleur, parce qu'à l'écoute de notre voix, il est possible que nous leur manquions. Malgré tout, certains trouveront du réconfort en entendant la voix d'un parent à cet instant précis. Laissons la personne qui les garde décider quand ils pourront écouter ces histoires préenregistrées.

**Organiser des après-midi jeux et des activités à l'avance.** Avant de partir, pourquoi ne pas inviter des copains, ou organiser la visite de nos enfants chez des copains, s'ils en ont déjà l'expérience ? Nous pouvons aussi nous renseigner sur les événements locaux qui pourraient les amuser pendant notre absence. Si la personne qui les garde peut les emmener au zoo, à un spectacle de marionnettes, au bowling ou ailleurs, elle les distrait tout en redirigeant leurs émotions sur du positif.

**Les canaliser au moyen d'une activité créatrice.** Il est utile d'approvisionner en matériel les personnes en charge des enfants et de leur donner les moyens de les aider à fabriquer quelque chose pendant notre absence. Une affiche pour nous accueillir à notre retour proclamant « Bienvenue à la maison, Maman et Papa ! » ou un album photo récapitulant leurs aventures, un plateau de cookies ou toute autre sucrerie pour nous : voilà d'excellentes idées pour les occuper sur plusieurs jours, notamment le jour de notre arrivée et de les enthousiasmer à l'idée de nous revoir. En nous fabriquant un cadeau, ils penseront à la joie qu'ils nous procureront quand nous ouvrirons la porte de chez nous.

## Parents marins, militaires, travaillant sur des plateformes pétrolières… Comment gérer un départ en mission longue durée

> Mon mari est militaire et il est appelé à rejoindre son unité. Que pouvons-nous faire pour préparer nos enfants et comment puis-je les aider quand leur papa leur manquera, une fois parti ?

Les longues absences posent de nombreux défis, aux parents comme aux enfants. Les petits ne saisissent pas ce qui se passe, mais ils savent que leur papa ou leur maman s'en va. Comme le temps est un concept encore très compliqué pour eux, ils ne comprennent pas quand le parent rentrera et l'attente peut leur sembler interminable.

Nous pouvons nous faire aider par d'autres parents dont le conjoint a la même profession et partager nos astuces. Par ailleurs, en invitant nos enfants à rencontrer d'autres enfants vivant une situation semblable, en personne ou par écrit, ils comprendront que leur situation est normale. Ils obtiendront aussi de l'aide auprès de ces amis. Consultons le bureau de la section militaire ou le service des ressources humaines dont notre conjoint dépend, et demandons-leur s'ils disposent de programmes pour les familles proposant à la fois du soutien et des idées.

En voici quelques-unes pour préparer le départ de leur père ou de leur mère.

**Donner une version simplifiée des faits.** Ils n'ont pas besoin de tous les détails, mais ils ont besoin de savoir que leur parent s'en va travailler à quelque chose d'important, qu'il reviendra, et que des gens compétents s'occuperont d'eux en son absence.

**Reconnaître leurs sentiments.** Ils peuvent éprouver des émotions conflictuelles. Rassurons-les : être triste, effrayé ou en colère, c'est normal. En même temps, expliquons-leur qu'ils ont le droit de dépasser ces émotions et de ressentir de la joie. Ils ont le droit de s'amuser, même quand leur papa ou leur maman leur manque. En revanche, inutile de faire des suppositions sur ce qu'ils ressentent avant de les avoir questionnés. Une fois leur émotion identifiée, nous pourrons les aider au mieux.

**Fabriquer un calendrier et l'exposer.** Si nous connaissons la date de retour, nous pouvons créer un calendrier de compte à rebours jusqu'à cette date. Nous pouvons utiliser un vrai calendrier, un tableau pêle-mêle sur lequel un symbole représentera une journée différente, ou une chaîne de trombones punaisée au mur. Le parent qui reste intégrera la mise à jour du calendrier dans la routine du jour ou de la semaine.

**Créer la boîte bonus de Papa/Maman.** Procurons-nous une grosse boîte et collons la photo du parent absent dessus. Avant son départ, demandons-lui de remplir la boîte de petites bricoles : animaux en plastique, autocollants, sucettes… un petit cadeau par jour ou par semaine d'absence. Les magasins spécialisés dans les articles de fêtes nous proposeront toutes sortes de petits jouets pas chers. N'hésitons pas à créer un rite amusant pour faire tirer un objet à nos enfants, peut-être au moment où ils mettent à jour le calendrier. Si nous ne connaissons pas la date du retour, l'idée de la boîte reste valable : nous la garnirons au fur et à mesure.

**Conserver les mêmes rituels, les mêmes routines.** Matin et soir, ne modifions en rien nos routines. Préparons les mêmes repas, jouons aux mêmes jeux. Pendant toute la durée de l'absence du parent, évitons si nous le pouvons tout changement. En gardant les points de repère habituels du déroulement de leurs journées, nous minimisons les perturbations auxquelles ils doivent s'adapter.

**Enregistrer des histoires à l'avance.** Avant son départ, organisons-nous pour que le parent leur lise des histoires et enregistrons ces séances de lecture. Pour les enfants très jeunes, il peut lire des livres d'images et remuer une clochette pour indiquer une nouvelle page, de manière à ce qu'ils regardent les images exactement comme s'il était là en train de leur lire le livre. Pour les plus grands, il peut raconter une histoire appropriée à leur âge à l'avance, ou enregistrer ses séances de lecture habituelles. Il peut aussi leur proposer de lire chacun leur tour. Quand ils entendront leurs voix, leurs rires, leurs commentaires, ils se rappelleront les bons moments passés à réaliser cet enregistrement ensemble.

**Informer les adultes en contact avec nos enfants.** Les professionnels de la petite enfance en charge de nos enfants, instituteurs, nourrices ou amis proches, seront mieux équipés pour les aider s'ils sont au courant du départ en mission de notre conjoint. Ils seront à l'écoute de tout changement de comportement et fourniront le soutien émotionnel dont nos enfants peuvent avoir besoin.

Les idées suivantes peuvent aussi nous être utiles :

**S'attendre à des enfants plus collants ou exprimant plus de demandes.** Lorsqu'un parent leur manque, les enfants peuvent exiger davantage du parent présent. Veillons à rester patients quand ils réclament une double dose de notre temps ou de notre attention. Avec le temps, notre routine quotidienne devrait les aider à s'adapter et l'effet crampon devrait s'amenuiser.

**Créer une représentation tangible du lien à l'absent.** En l'absence de contacts physiques entre les enfants et leur parent en mission, nous pouvons imaginer quelque chose pour symboliser le lien entre eux. Dans son livre *Un câlin en papier*[1], Stephanie Skolmoski suggère de tracer le contour des mains de l'enfant sur une feuille de papier, de les découper, puis de les lier l'une à l'autre avec une ficelle pour que le parent absent puisse bénéficier d'un câlin de son enfant quand il veut. Je suggère au parent en partance de faire la même chose : créer ses propres câlins en papier pour ses enfants. Si nous

1. *A Paper Hug*, de Stephanie Skolmoski, publié par l'auteur en 2006. Livre non traduit en français.

sommes habiles de nos mains, nous pouvons améliorer le concept et le rendre encore plus réconfortant, par exemple en fabriquant les mains avec du tissu ou en les réalisant au crochet. Si nous confectionnons une chaîne en laine très courte entre les deux mains, ce câlin peut même servir de doudou.

**Proposer aux enfants de tenir un journal.** Un « journal » peut tout simplement consister en une boîte à chaussures remplie de dessins et de souvenirs de ce qu'ils ont fait pendant l'absence de leur parent et qu'ils partageront avec beaucoup de joie à son retour. Chacune des bricoles mises de côté les aidera à se reconnecter l'un à l'autre.

**Communiquer sa confiance et son calme intérieur.** Même le plus jeune des bébés peut deviner l'émotion de ses parents. Prenons soin de nous, passons du temps avec notre famille, nos amis, pour être complètement présent face à nos enfants.

## Quand les parents se séparent, divorcent ou se remarient

---

Notre divorce soulève de nombreux problèmes pour nos enfants. Ils sont très proches de chacun de nous. Passer d'une maison à l'autre, quelle que soit la maison où ils s'installent, leur cause de l'anxiété de séparation. Comment peut-on les aider à vivre la situation plus facilement ?

---

C'est une évidence pour tout le monde : les problèmes de couple impactent les enfants et quand la configuration familiale change, les détails à régler sont si nombreux que tout ne se cale pas du jour au lendemain. Nos enfants auront peut-être besoin de beaucoup de temps pour s'habituer à leur nouvelle vie, notamment à leurs allers-retours entre leurs deux maisons, entre leurs deux parents. Il nous faudra du temps, à nous aussi, pour nous installer dans de nouvelles routines.

Pour les accompagner pendant cette période d'adaptation :

**Accueillir leurs émotions.** Il est fort probable que le parent absent leur manque, troublés par le changement de la configuration familiale. En comprenant leur souffrance, nous pouvons les aider à s'accoutumer. Un groupe de parole pour enfants traversant des situations semblables, s'il en existe un, les aidera à partager leur expérience. Même s'ils n'y livrent pas leur propre vécu, rencontrer des enfants aux styles de vie identiques leur procurera un nouveau sentiment de normalité.

**Leur offrir deux Bracelets Magiques.** L'idée du Bracelet Magique décrite au chapitre 3 peut vraiment les aider à préserver leur lien avec le parent absent. Le Bracelet Magique les rassure sur l'amour de chacun de leurs deux parents, peu importe où ils sont. Il est utile d'en fabriquer deux très différents, un pour chaque parent, et d'en prévoir un de secours pour chacun, et ce dans les deux maisons : ils en viendront peut-être à compter dessus pour apaiser leurs craintes et sentir la présence des deux parents, où qu'ils soient. Ils demanderont peut-être aussi de porter les deux bracelets en même temps, tout le temps, pour recréer un sentiment d'union avec leurs deux parents.

---

**La parole aux professionnels**
Un divorce n'est pas un événement ponctuel, mais plutôt un processus qui se déploie sur plusieurs mois, plusieurs années, voire même sur plusieurs décennies. C'est un cheminement rempli de tournants et de bifurcations imprévus. De nombreuses personnes sous-estiment les difficultés, et le temps nécessaire, pour s'adapter à leur divorce.
Docteur Nicholas Long et Docteur Rex Forehand, auteurs de *Notre divorce et nos enfants : 50 idées pour les aider à s'adapter*[1].

---

**Faites des doubles.** Plus nous pourrons dupliquer leurs affaires vraiment importantes, plus ils auront de facilité à s'adapter, parce qu'ils ne seront pas en permanence en train de regretter ce qui se trouve dans l'autre maison. Même si nous prévoyons de transporter certaines choses d'une maison à l'autre à chaque transfert, il arrivera parfois que notre agenda ne nous permette pas

1. *Making Divorce Easier on Your Child: 50 Effective Ways to Help Children Adjust*, de Nicholas Long et Rex Forehand, publié par Contemporary Books Inc. en 2002. Livre non disponible en français.

de les récupérer. Pensons aussi que les allers-retours provoqueront des oublis ou des égarements temporaires. Voici quelques exemples d'objets clés utiles à posséder en double :

- Doudous, peluches, jouets et poupées préférés.
- Coussins, couvertures, housse de couette.
- Pots, chaises hautes et transats.
- Biberons et sucettes favoris.

**Choisir les mêmes animaux domestiques.** Avoir deux maisons hébergeant le même type d'animal peut les rassurer. Un animal similaire vivant dans les deux chambres, un chat, un poisson rouge, des hamsters ou des tortues, peut lier l'une à l'autre et instaurer dans les routines quotidiennes une section commune aux deux endroits.

**S'organiser pour se parler.** Il est bénéfique pour les enfants de pouvoir appeler le parent absent quand ils le souhaitent. Apprenons-leur à passer leurs propres coups de téléphone, à envoyer SMS et courriels : savoir comment nous contacter l'un ou l'autre à tout moment les sécurisera. Si notre ex habite dans une autre région ou à l'étranger, n'hésitons pas à leur fournir du papier à lettres, des enveloppes timbrées et des pochettes pour qu'ils puissent envoyer des souvenirs et des surprises.

**Normaliser la routine quotidienne.** Les enfants se conduisent mieux quand leurs journées sont prévisibles et semblables les unes aux autres. Nous limiterons leur anxiété si leur routine quotidienne reste inchangée, peu importe la maison où ils se trouvent, donc s'ils se réveillent à la même heure, mangent à la même heure, jouent à la même heure, se couchent à la même heure, et cela va jusqu'à dupliquer les routines du soir, les rituels des repas, à se mettre d'accord sur ce qu'est un comportement acceptable ou pas, aux deux endroits. Plus nous écrirons ces routines noir sur blanc et les partagerons entre les deux maisons, plus il nous sera facile de nous y conformer.

**Gérer sa propre anxiété de séparation.** Nos enfants nous manqueront pendant leur absence. N'hésitons pas à en parler avec un ami de confiance, un membre de notre famille ou un psychologue pour faire le point sur nos émotions et identifier le meilleur moyen de les exprimer. Plus qu'une conversation ponctuelle, il est utile de mettre en place un suivi sur une période de plusieurs mois.

**Laisser les enfants en dehors de notre relation avec notre ex.** Ils ont du mal à entendre des critiques sur un parent qui leur manque cruellement. Non seulement nous risquons avec ces accusations d'augmenter leur anxiété de séparation, mais nous leur ajoutons une couche de culpabilité : ils croient qu'aimer le parent absent, c'est être déloyal à notre égard. Il nous appartient de les préserver de tout commentaire caustique sur notre ex.

**Chercher ses propres réponses.** Ce livre ne peut qu'effleurer un tel sujet ; quelques pages d'idées ne suffisent pas à aider parents et enfants à s'adapter et à redonner un cours normal à leurs vies. Un partage d'expérience avec d'autres parents dont les enfants traversent les mêmes difficultés, des groupes de parole, en personne ou sur internet, peuvent nous apporter beaucoup au moment où nous entamons ce nouveau chapitre de notre vie.

## Encore parti ! Quand un parent voyage régulièrement pour affaires

> Mon mari vient d'être promu à un poste impliquant des déplacements réguliers. Comment peut-on aider nos enfants à s'adapter à ce changement dans nos vies ?

Quand un parent voyage beaucoup, les enfants s'accoutument généralement facilement et acceptent ses déplacements comme partie intégrante du fonctionnement « normal » de la famille. Pour nous en assurer, commençons par réfléchir à l'avance à la façon dont nous gérerons les séparations et préserverons le lien du cœur entre le parent « loin des yeux » et nos enfants.

**Inventer des rituels spécifiques.** Des rituels pour les départs, les absences et les retours permettront d'intégrer les temps d'absence pour voyage d'affaires dans la routine de la famille. La manière de compter les jours varie selon l'âge des enfants : un poster avec des autocollants, une chaîne de trombones, un calendrier. Une fois accoutumés à utiliser cet outil, cela les aidera à estimer le temps restant avant le retour du parent et à se préparer à son redépart.

**Se contacter régulièrement.** Il est important de planifier la façon dont nous communiquerons à distance, par SMS, téléphone ou courriels. Les enfants très jeunes sont souvent mal à l'aise au bout du fil. Le haut-parleur permet aux deux parents de relancer la conversation et rend les appels plus productifs. Si le petit se désintéresse de la discussion et s'éloigne, il continue d'entendre nos échanges et la voix seule du parent absent peut suffire à le réconforter.

**Positiver. Inutile de s'excuser.** Chaque parent a ses contraintes professionnelles et les enfants s'y adaptent. Nos voyages d'affaires gagnent à leur être présentés comme normaux et même (si c'est le cas) comme une partie intéressante de notre métier. Plutôt que d'insister sur la séparation, mieux vaut raconter où nous sommes allés, ce que nous avons fait, toutes les histoires intéressantes qui nous sont arrivées.

**Les autoriser à mettre un objet dans la valise.** Quand nous préparons nos bagages, instaurons le rituel du choix d'un petit jouet pour nous accompagner. Ils imagineront cette petite partie d'eux-mêmes voyageant avec nous : non seulement cela les amusera, mais cela renforcera leur sentiment de connexion.

**Initier une collection.** Inutile de rapporter des cadeaux élaborés, un petit souvenir fera l'affaire : magnet, porte-clés, coquillage, carte postale. Nous leur impulsons ainsi l'envie de découvrir ce que nous rapporterons de notre prochain voyage.

**Chez soi, donner la priorité au jeu.** Nos enfants n'ont pas besoin de leurs parents comme compagnons de jeu en permanence, mais quand le parent souvent absent est à la maison, il est important qu'il en profite pour jouer avec eux. Une heure de jeu ininterrompu par jour avec un parent souvent en déplacement peut faire beaucoup de bien. Ces moments d'intimité auront des effets durables sur la proximité affective.

---

**La parole aux pères**

Je voyage dans tout le pays pour mon travail. À la maison, nous avons une grande carte punaisée au mur et ma femme y place une photo de moi, avec un décompte des jours jusqu'à mon retour. Les enfants barrent les jours au fur et à mesure, et cela les aide à m'attendre. Je rapporte toujours une carte postale de l'endroit où je suis parti, et nous l'ajoutons à notre collection, sur le mur à côté de la carte. Ils adorent ce moment.

Ryan, père de Hannah, sept ans, et Evan, quatre ans.

---

## Quand frère et sœur se séparent

> Cet automne, notre aîné entrera à la maternelle et je suis inquiète pour son petit frère. Ils jouent constamment ensemble et j'ai peur que le grand manque énormément au petit. Auriez-vous des conseils pour m'aider à gérer ce changement ?

De nombreux tout-petits ont des relations privilégiées avec un frère ou une sœur légèrement plus âgés. Lorsque soudain, le grand disparaît pour l'école plusieurs heures d'affilée, et ce chaque jour, le tout-petit peut éprouver une forme spécifique d'anxiété de séparation, différente de celle ressentie à l'égard d'un parent absent. Souvent, les parents passent à côté du malaise du plus jeune parce qu'ils sont occupés par les préparatifs de l'entrée en classe du plus grand. Après la rentrée scolaire, au moment où ils pensent avoir plus de temps pour le petit, ils sont déroutés par le comportement de ce dernier, ses colères, ses gémissements, ses bouderies, et ne font pas le lien avec le changement de la relation entre les deux enfants. Notre cadet a besoin de temps pour s'adapter à sa nouvelle routine et voici quelques astuces pour l'aider :

**Valoriser et protéger le jeu entre eux.** Si c'est possible, laissons jouer nos enfants ensemble tout de suite après le retour de l'école. Reporter les devoirs, le repas ou toute autre obligation à plus tard. Un peu de temps libre est nécessaire pour répondre aux besoins du petit d'être avec son grand frère ou avec sa grande sœur.

**Occuper le petit.** Un enfant absorbé par une mission pensera moins à l'absent, alors au boulot ! Veillons particulièrement à l'occuper pendant les moments de transition, notamment l'heure suivant le départ du grand pour l'école : proposons-lui de jouer, de commencer une activité manuelle ou de participer aux tâches ménagères.

**Visiter l'école.** Parfois, le petit est perturbé à l'idée que le grand quitte la maison pendant de longues heures pour se rendre dans un endroit inconnu. Visiter l'école lui permettra de visualiser l'environnement où évolue son grand frère ou sa grande sœur. Laissons-le se promener dans les couloirs, jouer dans la cour. Si nous passons devant l'école, signalons-la : « Regarde ! C'est l'école de ton frère ! »

**Un jour ce sera son tour.** Peut-être le petit se sent-il tenu à l'écart de cet événement excitant ? Un jour, lui aussi ira à l'école, quand il sera plus grand. Nous pouvons lui en parler. Mais le faire participer en lui confiant un petit rôle à jouer dans les préparatifs l'aidera davantage. Il peut emballer le goûter ou glisser un coloriage dans le cartable. De plus, il sera rassuré à l'idée que le grand ne l'oubliera pas pendant leur séparation.

**Réserver du temps pour lui.** Notre petit s'adaptera plus vite à ces changements de vie s'il comprend que la nouvelle routine lui offre davantage de temps avec nous.

Profitons-en pour renforcer notre relation, que ce soit en jouant ou en faisant les courses ensemble. Quand un petit dernier n'a pas eu beaucoup de temps en tête-à-tête avec son parent, ce nouvel aspect de sa vie peut prendre une importance toute particulière.

# 6. L'anxiété de séparation des parents

Jeunes parents, nous sommes souvent surpris par l'intensité et la puissance de notre lien avec notre enfant. Nous nous attendions certes à l'aimer, mais la passion de cet amour-là dépasse nos attentes et nous expose à des émotions inimaginables pour nous, avant.

Ces mêmes émotions se développent en même temps que notre réflexe instinctif de le protéger. Quand nous ne pouvons plus l'exercer parce qu'il n'est plus sous notre garde, nous risquons de souffrir d'anxiété de séparation. Quand nous laissons notre bébé sous la responsabilité d'un baby-sitter, quand nous regardons notre enfant franchir la grille de l'école et s'éloigner, une sensation de perte enfle en nous : perte d'amour, perte de contrôle, perte d'un compagnon. Nos émotions se bousculent, allant du simple malaise à la panique complète.

D'abord, pour gérer au mieux notre anxiété de séparation, nous pouvons nous dire qu'elle est un aspect naturel et normal de l'amour parental. Elle puise ses racines dans les liens solides noués entre nous. Ensuite, assurons-nous qu'en notre absence, il soit bien traité. Enfin, autorisons-nous à vivre des moments de séparation libres de toute inquiétude ou culpabilité.

Sur ce sujet complexe et sensible, donner la parole aux parents de mon groupe test me paraît être la meilleure façon de vous transmettre des informations utiles. Leurs expériences et ressentis sont sincères et je pense qu'ils peuvent apporter beaucoup. Dans ce chapitre, j'ai gommé leurs noms. J'espère que leurs histoires vous aideront et vous rassureront.

« Nos sensations peuvent être tellement extrêmes que ça peut nous choquer, et nous prendre par surprise. Je n'avais jamais pensé me sentir comme ça un jour. La première fois que je suis partie en voyage sans ma fille, j'ai pleuré pendant deux jours. Je ne pouvais même pas lui parler au téléphone. Je n'arrivais pas plus à parler avec ma mère qui la gardait. C'était trop dur, ça me faisait trop mal. »

*Mère de Caitlyn, trois ans, et de Donovan, un an.*

« La première fois que j'ai laissé Lilly pendant quelques heures, elle était encore bébé, je me suis sentie paralysée par l'angoisse. J'allais juste chez le coiffeur! Mais pendant tout ce temps, je n'arrivais à penser à rien d'autre qu'à elle. J'avais hâte de rentrer à la maison et j'ai annoncé à la coiffeuse que j'étais en retard et que je n'avais pas le temps de lui laisser terminer mon brushing ! Il fallait que je me dépêche de rentrer parce que je commençais à paniquer. »

*Mère de Lilly, neuf mois.*

« Pour vous parler de mon anxiété de séparation, je dois vous raconter mon premier jour de reprise du travail. Ce matin-là, je me suis réveillée déjà inquiète parce que c'était le grand jour et que je n'y pouvais rien. J'ai préparé Hazel pour son départ chez sa grand-mère ; toute la matinée, je l'ai câlinée et embrassée, je n'arrivais pas à m'arrêter. Quand le moment est arrivé de la déposer dans le siège auto de la voiture de sa grand-mère... Oh là là ! J'ai eu un de ces tracs ! Je l'ai attachée, l'ai embrassée, lui ai dit au revoir et j'ai claqué la portière.

Rentrer dans une maison silencieuse et vide m'a fait tout bizarre, probablement parce que c'était la première fois en un an. Je me suis préparée à partir travailler, mais j'avais la sensation de tourner en rond : je ne savais plus par où commencer ! Mon anxiété et mon trac ne m'ont pas quittée jusqu'à ce que je me mette effectivement à travailler. J'étais alors trop occupée à me concentrer sur ma tâche et n'avais pas le temps de penser vraiment à ma fille. Mais dès que je prenais une pause, c'est à elle que je pensais.

Quand je suis rentrée à la maison, j'ai appris qu'elle avait passé une très bonne journée. Pas une seule larme. Quel soulagement ! Pourtant, aussi incroyable que ça puisse paraître, je me suis aussi sentie très triste : elle n'avait plus besoin de moi tout le temps. »

*Mère de Hazel, quinze mois.*

« Quand je suis loin de mes enfants, je me sens vide et je m'inquiète, comme toutes les mères proches de leurs enfants. Nous fournissons à nos petits la protection, nous les nourrissons et les aidons à s'épanouir. Je me suis réconciliée avec toutes ces émotions. »

*Mère de Madeline, deux ans, et de Benji, sept mois.*

« Je ne l'aurais jamais cru, mais quand mes petits potes ne sont pas là, la maison est bizarrement vide et beaucoup trop calme. J'ai hâte qu'ils rentrent ! »

*Père d'Owen, cinq ans, et de Stephen, trois ans.*

« Je me retrouve mère célibataire avec deux enfants et quasiment aucun temps libre pour moi. Tout récemment, mes parents sont venus spécialement de loin pour les garder pendant que je partais en week-end. À la seconde précise où j'ai fermé la porte de chez moi, je me suis sentie libre. Ça n'a duré qu'une nuit. Dès la deuxième, je me suis sentie si triste ! Ils me manquaient terriblement. Je me suis bien amusée et j'ai apprécié d'avoir la possibilité de dormir sans que l'un ou l'autre me réveille, mais je peux dire, en toute honnêteté, que je n'ai retrouvé la tranquillité d'esprit que quand je suis rentrée chez nous. »

*Mère d'Alasia, quatre ans, et de Mattias, deux ans.*

« Notre fils a dormi pendant longtemps dans notre chambre, sur un futon. Nous lisions tous ensemble avant de nous endormir et, quand nous éteignions la lumière, il restait là, simplement. Depuis peu, il a changé cette routine et va se coucher dans sa chambre tous les soirs. J'ai toujours pensé qu'il devait passer la nuit dans sa chambre, mais maintenant que c'est le cas, je suis stupéfait de voir à quel point il me manque le soir. »

*Père de Jacob, huit ans.*

« J'ai dû répondre "Jamais" à toutes les questions de votre étude sur l'anxiété de séparation, parce que je ne me suis jamais séparée de ma fille pour un voyage d'affaires, des vacances, ni même pour une nuit. Peut-être que *ça* en dit long sur mon anxiété de séparation. »

*Mère de Maria, quatre ans.*

« Mon anxiété vient du fait que je sais que sa sécurité n'est pas garantie quand il est avec quelqu'un d'autre, même avec son père, qui est plus détendu que moi. Lucas est très rapide, très curieux, et, tout le monde le sait, il suffit d'une seconde pour qu'un tout-petit disparaisse sans laisser de trace ! J'ai parfois peur que son père se mette à discuter ou à travailler sur son ordinateur et ne se rende pas compte que Lucas a trouvé quelque chose d'intéressant, mais de dangereux. Je suis toujours soulagée le soir que la journée soit finie et que nous nous retrouvions tous sains et saufs à la maison. »

*Mère de Lucas, deux ans.*

« Le vrai problème, c'est mon anxiété. La sienne, c'est secondaire. La sienne est normale, mais elle sent mes émotions et cela aggrave la situation pour elle. La laisser, c'est vraiment dur. C'est comme si, d'une certaine façon, je l'abandonnais. Alors que je sais très bien, intellectuellement, que ce n'est pas vrai. »

*Mère de Lis Ana, trois ans.*

« Je suis mère au foyer, donc je suis avec ma fille presque vingt-quatre heures sur vingt-quatre et sept jours sur sept. Je pense être celle qui la connaît le mieux. Je comprends les quelques mots qu'elle baragouine, je sais ce dont elle a besoin. C'est difficile de la laisser avec quelqu'un d'autre. Dans ma tête, je sais que tout ira bien : elle aime être avec d'autres personnes que moi. Mais dans mon cœur, c'est tellement dur de la lâcher. Pour être franche, qu'elle ait besoin de moi me fait vraiment plaisir, parce que jamais personne n'a eu autant besoin de moi de toute ma vie. Je n'ai pas du tout l'impression de me sacrifier. Je sais que ça ne durera pas, elle grandira vite. »

*Mère d'Elisa, dix-huit mois.*

« Quand j'emmenais mon premier-né à la crèche (il avait deux ans) j'en avais mal au ventre tous les matins. Sa puéricultrice référente, pour essayer de me faire du bien, m'a raconté que dès que je partais, il arrêtait de pleurer et passait un très bon moment. Mais elle savait que je me faisais quand même beaucoup de souci. Alors elle m'a donné un CD avec des photos de mon fils à la crèche, prises tout au long de la journée et le montrant en train de s'amuser. J'ai fait défiler ces photos, des larmes plein les yeux, et je les ai mises en fond d'écran sur mon ordinateur, au travail. Comme ça je voyais son visage plein de sourires toute la journée ! »

*Mère de Nicolas, quatre ans.*

« Récemment, j'ai emmené ma fille de cinq ans à sa première "soirée pyjama". Elle a dormi chez ma cousine, qui a une fille de son âge. Je ne voulais pas du tout qu'elle y aille ! Je me suis sentie triste toute la soirée. Je savais pertinemment qu'elle s'éclatait et qu'elle était en bonnes mains, mais je n'ai pas dormi de la nuit parce que la maison transpirait son absence. »

*Mère d'Isabella, cinq ans.*

« Voilà ce que je considère comme une anxiété de séparation maternelle "saine" pour moi : profiter des moments où je ne suis pas avec elle alors même qu'elle me manque terriblement, parler d'elle aux autres, attendre avec impatience le moment où je la retrouverai dès mon retour, me sentir euphorique quand je la serre dans mes bras. »

*Mère d'Annika, vingt-deux mois.*

## Résultats de l'étude du groupe test

Les parents du groupe test sur l'anxiété de séparation ont chacun rempli un questionnaire sur leurs propres émotions lors de séparations d'avec leurs enfants. Savoir que d'autres ressentent la même chose peut être rassurant. Le tableau suivant résume leurs expériences.

**Réponses au questionnaire sur l'anxiété de séparation des adultes parmi les parents du groupe test :**

| Réaction à la séparation | Jamais | Une fois | Parfois | Très souvent |
|---|---|---|---|---|
| J'ai eu le cœur lourd au moment de laisser mon enfant | 0 % | 0 % | 39 % | 61 % |
| Je me suis inquiété(e) pour mon enfant quand je le laissais en de bonnes mains | 0 % | 3 % | 42 % | 55 % |
| J'ai fait ce que j'avais à faire à toute vitesse pour me dépêcher de retrouver mon enfant | 10 % | 9 % | 40 % | 41 % |
| J'ai trouvé un prétexte pour ne pas avoir à me séparer de mon enfant | 16 % | 9 % | 35 % | 40 % |
| J'ai décliné une invitation parce que je préférais rester avec mon enfant | 15 % | 6 % | 47 % | 32 % |
| J'ai ressenti une douleur physique tellement mon enfant me manquait (ex. mal au ventre) | 52 % | 8 % | 24 % | 16 % |
| Je me suis senti(e) coupable de laisser mon enfant alors qu'il pleurait | 5 % | 16 % | 29 % | 50 % |

| Réaction à la séparation | Jamais | Une fois | Parfois | Très souvent |
|---|---|---|---|---|
| J'ai pensé que c'était mal de laisser mon enfant | 26 % | 8 % | 29 % | 37 % |
| J'ai été surpris(e) par la force de ma propre anxiété de séparation | 9 % | 3 % | 45 % | 43 % |
| J'ai pensé que j'étais la seule personne à vraiment comprendre mon enfant | 8 % | 8 % | 41 % | 43 % |
| J'ai pleuré lors de notre séparation à cause de ce que je ressentais | 34 % | 37 % | 13 % | 16 % |
| Je me suis senti(e) soulagé(e) dès que nous nous sommes retrouvés | 8 % | 3 % | 26 % | 63 % |

## Astuces pour les parents souffrant d'anxiété de séparation

Chacun a probablement pu se retrouver dans certains de ces commentaires, si ce n'est dans nombre d'entre eux. Les parents de ce groupe test vivent dans le monde entier et l'âge de leurs enfants varie. Toutes les configurations familiales imaginables sont représentées. Grâce à cette étude, j'ai appris que malgré nos différences, nous nous ressemblons remarquablement. Comme nous pouvons le constater, l'anxiété de séparation d'un parent est une émotion tout à fait normale, et c'est un vrai challenge. Que nous en souffrions un tout petit peu ou intensément, brièvement ou pendant des années, voici quelques idées pour atténuer l'intensité de nos émotions, pour notre propre tranquillité ainsi que pour celle de notre enfant :

**À petite dose, l'anxiété de séparation est saine.** N'essayons pas de couper court à tout sentiment d'anxiété de séparation. Ces émotions s'expriment pour de très bonnes raisons. D'abord, elles nous guideront au moment où nous choisirons quand et comment laisser notre enfant: elles nous aideront à décider du meilleur mode de garde. Ensuite, elles nous rapprochent de lui et nous permettent de savoir si quelque chose ne va pas ou l'inquiète.

La peine ressentie lors de nos séparations fait intégralement partie de l'amour que nous lui portons. Elle caractérise notre relation et la place bien au-dessus de toute autre relation qu'il pourra développer plus tard dans sa vie. J'ai appris que les adolescents dont les parents expriment ce type d'amour profond et fervent restent liés plus longtemps à leur famille, et se sortent bien plus facilement des épreuves de l'adolescence. Alors, ne regrettons pas notre sensibilité sincère: elle vient du fait que nous sommes un parent aimant.

---

**La parole aux professionnels**

Lorsque nous serons loin de notre enfant, notre angoisse s'exprimera d'une manière ou d'une autre, mais c'est une facette de notre affection. Admettre nos émotions nous rapprochera l'un de l'autre.

Docteur T. Berry Brazelton, auteur de *Points forts: de la naissance à trois ans*[1].

---

1. *Op. cit.*

**Un petit peu de séparation fait du bien.** Une partie de notre anxiété de séparation trouve certainement sa source dans notre sentiment de nous occuper de lui mieux que personne d'autre. Voulez-vous que je vous dise ? C'est probablement vrai ! Cependant, même si les autres ne procèdent pas exactement « à notre manière », il s'adaptera et acceptera ces différences. Son monde se remplira de nouvelles personnes : n'est-ce pas une aubaine de grandir en apprenant que « différent » ne signifie pas « mauvais » ? En fait, il est même beaucoup plus facile pour lui d'apprendre cela maintenant que plus âgé. Alors, allons-y, profitons de cette opportunité, nous pouvons faire cela pour lui.

**Au boulot !** Même s'il nous manque énormément quand il n'est pas là, voilà une excellente occasion de faire toutes ces choses difficiles à accomplir avec un bambin dans les pattes. Inutile de laisser filer ces moments-là à se regarder le nombril ou à se plonger dans un abîme d'inquiétude et de culpabilité. Profitons de notre temps libre. Partons pour un jogging ou une balade à vélo, sortons déjeuner, rangeons nos placards, offrons-nous une manucure ou une séance de shopping. Mieux vaut s'organiser à l'avance et prévoir nos activités, afin d'éviter de nous retrouver les bras ballants une fois l'enfant parti, manquant de motivation pour faire quoi que ce soit.

S'il s'absente pendant un long moment de manière régulière, en cas de garde partagée, par exemple, c'est l'occasion d'utiliser ce temps libre de façon productive.

Inscrivons-nous à un club de gym, rejoignons un groupe de parole pour mamans, prenons des cours de musique, apprenons à peindre, écrivons un livre, adonnons-nous à un passe-temps. Nous pouvons commencer par énumérer par écrit ce que nous devons faire ou voudrions faire, et afficher cette liste à un endroit visible. Si nous nous retrouvons en train de déambuler sans but dans notre maison, il nous suffira de choisir quelque chose dans cette liste, et au boulot!

**Faire confiance aux amis.** Avant l'irruption des enfants dans notre vie, nous avions sans doute davantage de temps pour nos amis. Les amitiés entre adultes s'étiolent souvent après une naissance. Voici le moment parfait pour réanimer la flamme de ces amitiés mises de côté. Si nos amis ont eux aussi des enfants en bas âge, ils nous aideront, car il est probable qu'ils ressentent les mêmes émotions que nous. S'ils ont des enfants plus âgés, alors leur amitié vaut de l'or parce qu'ils ont sûrement dépassé cette phase et partageront le fruit de leur expérience avec nous. Les amis sans enfants sont aussi très importants: pendant un court instant, ils nous sortent d'une vie centrée sur les enfants et nous embarquent dans des activités, dans des conversations qui ne tournent pas autour du seul et unique sujet de la parentalité.

**Masquer sa nervosité.** Les enfants sont remarquablement perspicaces. Si la séparation nous angoisse ou nous inquiète, alors cela peut suffire à inquiéter notre petit à son tour, car nous sommes son modèle. Lui déclarer notre amour toutes les cinq minutes n'est pas utile. Inutile aussi de réitérer moult promesses enflammées de retour rapide. Maintenir un ton enjoué et détendu au moment de la séparation sera suffisant. Mettons de côté nos mines soucieuses jusqu'à ce que la porte se soit refermée.

**Planifions une activité à anticiper.** Prévoir une activité, ou juste un temps libre, pour le moment où nous serons de nouveau réunis, nous permettra d'anticiper le plaisir que nous aurons ensemble. Penser à un objectif particulier permet de nous concentrer sur le moment où la séparation aura pris fin et nous libère pour nous occuper d'autre chose jusqu'à cet instant précis.

Parfois, les parents culpabilisent de ne pas profiter davantage des moments où ils sont avec leurs enfants. Toutes sortes de tâches les accaparent et ils sentent qu'ils ne passent pas vraiment le temps souhaité à échanger avec eux. C'est la vie. Quand nous organisons une activité ensemble, il est important de profiter au maximum de ce temps-là, et cela nous aidera à mieux vivre nos temps de séparation. Les enfants aussi supporteront mieux nos séparations, car ils attendront ces moments spéciaux avec impatience.

# 7. L'anxiété de séparation pathologique

L'anxiété de séparation peut poser d'énormes défis aux familles. Quand notre enfant pleure, s'accroche ou pique une colère alors que nous tentons de le déscotcher de notre jambe, il nous met en difficulté, cela ne fait aucun doute. Rien de tel qu'un au revoir en larmes, ou un visage triste à la fenêtre pour nous briser le cœur en mille morceaux. Mais en s'informant, en utilisant quelques astuces, quelques solutions, la plupart des parents et des enfants arrivent à gérer ce rite de passage inévitable. L'anxiété de séparation est une émotion normale et ce livre propose de nombreuses suggestions pour encourager et soutenir notre enfant tandis qu'il traverse cette étape de son développement.

L'anxiété de séparation typique peut atteindre des pics d'intensité par moments, mais certains enfants se démarquent de la norme et souffrent plus longtemps d'un mal aux conséquences plus extrêmes que les médecins appellent « trouble de l'anxiété de séparation » ou « anxiété de séparation pathologique ». Ce trouble requiert à la fois un diagnostic et un suivi effectués par un professionnel de santé.

---

**La parole aux professionnels**

L'anxiété est un mot aux contours flous largement utilisé, mais il a aussi un sens scientifique bien déterminé. Dans le champ de la recherche en santé mentale, le mot anxiété décrit les pensées, les sensations et les comportements déclenchés par une personne lorsqu'elle se perçoit en danger sérieux, dans des circonstances où d'autres ne perçoivent aucun danger. L'anxiété, c'est croire que quelque chose de vraiment, vraiment terrible peut se produire d'une minute à l'autre.

Elizabeth DuPont Spencer, docteurs Robert L. DuPont et Caroline M. DuPont, auteurs de *Guérir un enfant de son anxiété : le guide des parents*[1].

---

## Trouble de l'anxiété de séparation

Les enfants souffrant d'un trouble de l'anxiété de séparation s'avèrent parfois réfractaires aux idées présentées dans ce livre. Nous essayons les diverses astuces avec le nôtre pendant des mois et ne constatons qu'un faible soulagement de ses chagrins, voire aucun. Ceux dont

1. *The Anxiety Cure : An Eight-Step Program for Getting Well*, d'Elizabeth DuPont Spencer, Robert L. DuPont et Caroline M. DuPont. Deuxième édition publiée chez Wiley en 2003, ouvrage non traduit en français.

l'anxiété de séparation est normale peuvent afficher des comportements semblables à ceux dont l'anxiété est plus intense : la différence réside dans l'amélioration nette de l'état des premiers, en un mois ou deux, si nous mettons en place un programme « sans larmes ». Si notre enfant nous inquiète, n'hésitons pas, nous pouvons faire confiance à notre instinct, parlons-en à un professionnel de santé. La liste ci-dessous recense les symptômes courants de ce trouble. Elle nous permettra de déterminer s'il a besoin de consulter un spécialiste. Nous pouvons aussi la partager avec notre médecin de famille pour résoudre les problèmes posés par son anxiété de séparation.

S'il présente les signes typiques décrits ci-dessous, un programme plus structuré, dans le cadre d'un suivi professionnel, l'aidera.

- Peur terrible de rester seul.
- Panique et détresse quand un parent quitte la pièce ou la maison.
- Pleurs au moment de la séparation et en intermittence jusqu'au retour du parent.
- Besoin constant de contact physique avec un parent : il colle, s'accroche, suit le parent pas à pas telle une ombre.
- Effet « pot de colle », au détriment du jeu et de la socialisation avec d'autres enfants.
- Inquiétude permanente de se perdre et d'être séparé d'un de ses parents.

- Crainte excessive que l'un de ses parents meure, tombe malade ou se blesse.
- Symptômes physiques injustifiés, tels que maux de ventre ou maux de tête.
- Inquiétude et stress pour une séparation bien avant qu'elle se produise.
- Refus de dormir seul alors qu'il y arrivait par le passé.
- Cauchemars fréquents sur le thème de la séparation ou de tout autre danger.
- Après un événement identifié dans sa vie, un séjour à l'hôpital, le décès d'un être cher ou d'un animal de compagnie, ou un déménagement, apparition d'une nouvelle anxiété qui ne se dissipe pas avec le temps.
- Refus tenace ou répugnance intense d'aller à la crèche ou à l'école, ou formulation de raisons diverses pour rester à la maison à cause de sa peur de la séparation.
- Refus de jouer chez d'autres enfants, de partir en classe de neige ou en classe verte, d'aller à des anniversaires ou d'assister à tout autre événement (pour un enfant de plus de six ou sept ans).
- Après un mois ou plus de mise en place d'un programme basé sur les diverses idées proposées dans ce livre, persistance des symptômes ou augmentation de leur sévérité.
- L'un des deux parents a souffert d'un trouble de l'anxiété de séparation quand il était petit, ou souffre actuellement d'un trouble anxieux.

**Point clé**

À partir de six mois et jusqu'à leur sixième année, presque tous les enfants éprouvent une anxiété de séparation normale. Les troubles de l'anxiété de séparation touchent environ quatre à six pour cent des enfants de six à onze ans, et un à deux pour cent des adolescents. On retrouve ce trouble en proportions identiques chez les filles comme chez les garçons. Il persiste rarement à l'âge adulte, et le taux de rétablissement est très élevé.

## Comment traite-t-on une anxiété de séparation pathologique

Le trouble de l'anxiété de séparation se traite de différentes manières. La méthode adéquate dépend de l'enfant et des circonstances familiales. Voici des programmes fréquemment mis en place :

- **Psychothérapie par le jeu.** Un professionnel qualifié utilise des jouets, des marionnettes, des jeux, des techniques artistiques pour aider l'enfant à exprimer ses sentiments et à apprendre de nouvelles façons de gérer ses peurs.
- **Psychothérapie familiale.** Parents et psychologue forment une équipe pour définir un programme pour l'enfant.
- **Psychothérapie cognitivo-comportementale.** Cette méthode est utilisée avec les enfants plus âgés, dans le cadre de sessions en face à face avec un

psychothérapeute. Pendant ces séances, l'enfant apprend à contrôler ses pensées et ses comportements anxieux. Son thérapeute lui enseigne des stratégies d'adaptation.

- **Autres thérapies.** Certaines familles préfèrent les solutions alternatives à celles de la médecine traditionnelle. Pour celles-ci, les options de traitement du trouble de l'anxiété de séparation sont diverses et variées: acupuncture, méditation, massages et biofeedback.

## Où se procurer de l'aide

Si nous soupçonnons notre enfant de souffrir d'un trouble de l'anxiété de séparation, choisissons un spécialiste habitué à travailler avec des enfants qui nous aidera à déterminer si notre enfant a besoin d'un programme spécifique de suivi. Nous pouvons commencer par échanger avec notre pédiatre ou notre médecin de famille pour discuter et décrire les symptômes. Ce dernier éliminera les problèmes d'ordre physique comme source possible de l'anxiété de notre enfant et nous orientera vers un spécialiste en santé mentale. N'hésitons pas à demander aussi conseil à la crèche ou à l'école de notre enfant, et surtout en parler avec d'autres parents ayant peut-être traversé des problèmes semblables et qui auront des idées de ressources.

***Livres pour les parents :***

Si nous ne sommes pas sûrs de savoir si notre enfant a besoin d'un suivi professionnel, ou si nous souhaitons nous informer au mieux pendant sa thérapie, nous pouvons consulter les ouvrages disponibles en médiathèque ou en librairie, notamment, en français :

- *L'Enfant anxieux, comprendre la peur de la peur et redonner courage*, de Jean Dumas, aux Éditions De Boeck Université (2012).
- *« Maman, je veux pas que tu travailles ! Concilier vie familiale et vie professionnelle sans culpabiliser »*, de Anne-Marie Filliozat et Isabelle Filliozat, Poche (2009).

# Postface

La traductrice prend rarement la parole à la fin d'un livre. Celui-ci a sauvé mes nuits. Plus je progressais dans mon travail, plus je m'appropriais les conseils d'Elizabeth Pantley, mieux je comprenais la crise traversée par ma famille.

Été 2013, nous partons en vacances aux États-Unis : mon mari, nos deux fils de six et huit ans et moi. Nous parcourons près de six mille kilomètres en voiture et dormons sous la tente, tous collés les uns aux autres pendant six semaines. Un voyage magnifique. Je ne m'attendais pas à ce que le retour pose problème.

Nous rentrons la veille de la rentrée des classes. Le temps de lancer une machine et de manger des pâtes, c'est l'heure de se coucher. Chacun dans sa chambre, pour la première fois depuis longtemps. Après le bisou-gratouillis-dans-le-dos-bonne-nuit, Timothée, l'aîné, m'appelle : « Tu peux revenir me voir, Maman ? » Et comme je tarde : « Tu viens dans combien de temps ? »

Il finit par s'endormir, mais, à 4 heures du matin, il nous réveille. « J'ai mal au ventre. » Je me lève, le recouche, lui palpe vaguement le ventre, le rassure et retourne sous la couette, persuadée que ça lui passera.

Un mois plus tard, il est entré dans une sorte de spirale d'anxiété. Il nous réveille toutes les nuits sans exception, souvent deux fois. Il part à l'école en traînant les pieds, nous prédit toutes sortes de calamités. « Je suis sûr qu'Enzo m'embêtera, que la maîtresse me dira que j'écris mal, que tout le monde se moquera de moi... » Il rechigne à rejoindre ses copains au centre aéré le mercredi et, si jamais j'accepte de le garder une matinée, impossible d'avancer sur mon travail. Il m'interrompt toutes les dix minutes, un vrai pot de colle... de huit ans ! Tout l'inverse du petit garçon hyper sociable et enjoué de l'année précédente, qui avait avoué à sa maîtresse « J'aime l'école ! », dont l'agenda regorgeait de matches de tennis avec Thierry et Noah, de goûters chez Simon, de séances de trampoline chez Sophie, de nuits chez Brice. Où est passé le garçon qui s'endormait n'importe où la tête à peine posée sur l'oreiller et qui faisait ses nuits complètes depuis belle lurette ?

Mi-octobre, je commence à me faire du souci. Nous habitons au bord d'un étang. Tous les matins, le petit frère de Timothée, Émile, part tout seul pêcher, nous signifiant très clairement son besoin de solitude. Je comprends que c'est sa façon de montrer que lui aussi n'a pas envie de quitter le cocon familial pour l'école, où il ne s'est pas fait de copain.

Je suis alors en pleine traduction de ce livre et j'y trouve une aide inattendue. Il me permet d'analyser ce qui nous arrive : nous avons vécu très proches les uns des autres durant les vacances et les enfants retrouvent leur autonomie avec difficultés. Ils sont victimes d'une rechute d'anxiété de séparation. Je décide alors d'expérimenter les idées qu'il propose dans un programme « maison ».

Aujourd'hui, je peux moi aussi remercier Elizabeth. Timothée a retrouvé le sourire sur le chemin de l'école et refait ses nuits. Émile, lui, commence à nouer des liens hors de la famille, soutenu par les multiples histoires[1] que je déniche à la médiathèque. Car j'ai recommencé à lire des histoires à mes enfants[2] ! J'avais arrêté « parce qu'ils sont grands, parce qu'ils savent lire… ».

L'anxiété de séparation peut resurgir n'importe quand. Il est possible que nous n'en soyons pas encore totalement débarrassés. Si c'est le cas, je m'armerai de patience et me replongerai avec plaisir dans les solutions sans larmes d'Elizabeth Pantley.

Isabelle Crouzet, traductrice.

---

1. *Max veut se faire des amis* et *Lucien n'a pas de copains*, de Dominique de Saint Mars et Serge Bloch, *Le Copain* de Maud Sene, *Hugo, je veux des copains*, de Wilizecat… Les auteurs jeunesse font un travail épatant !

2. Cf. Chapitre 4 : Lui lire des livres.

## Remerciements

Je voudrais remercier toutes les personnes qui m'ont facilité la vie et me l'ont rendue plus belle en me soutenant, chacune à leur façon :

Ma loyale éditrice, Judith McCarthy, pour ses encouragements.

Toute l'incroyable équipe de McGraw-Hill, dont Ann, Donna, Doug, Eileen, Elizabeth, Fiona, Gigi, Greg, Heather, James, Julia, Katherine, Keith, Kenya, Kim, Lizz, Lynda, Marisa, Mary Therese, Pat, Peter, Philip, Robyn, Sally, Shinoa, Sue, Susan, Terrence, Tom, Yin et tous ceux avec qui je ne travaille pas directement, mais dont j'apprécie vraiment le travail. Cette équipe hors pair participe à la création et à la commercialisation de mes livres : nous fêtons la publication de notre dixième livre, en plus des traductions en vingt-quatre langues. Je sais que j'ai le meilleur éditeur possible au monde.

Meredith Bernstein, de The Meredith Bernstein Literary Agency : mon amie, mon mentor et mon extraordinaire agent.

Patti Hughes «La Merveilleuse»: ma géniale assistante, toujours enthousiaste, toujours prête à tout, même à me faire des cookies.

Robert, mon mari: mon partenaire, mon ami et âme sœur depuis maintenant vingt-six années merveilleuses (et ce n'est pas fini!).

Mes trésors d'enfants, les plus belles sources de mes joies et de mon inspiration. J'en suis si fière: Angela, Vanessa, David et Coleton.

Ma famille et mes meilleurs amis, clés de mon bonheur et sources de satisfaction: Maman, Michelle, Loren, Sarah, Nicholas, Renée, Tom, Amber, Matthew, Devin, Tyler, Wyatt, Joan et Rona.

Tous les lecteurs qui m'ont écrit pour partager les aventures de leurs chers enfants. Je me sens liée à chacun d'une amitié spéciale et je me délecte de nos lettres.

Les mamans, les papas et les enfants du groupe test de *À ce soir, maman! Se séparer sans larmes entre six mois et six ans*. Merci d'avoir partagé une partie de vos vies avec moi: Abigael, Abigail, Adam, Adama, Addisyn, Agnes, Aidan, Ailani, Ainsley, Alannah, Alasia, Alex, Alexander, Alexandra, Alexis, Alfie, Alicia, Allese, Ally, Alyssa, Amanda, Amber, Amy, An, Ana, Anamarija, Anastasia, André, Andrea, Angela, Angel-lena, Ann, Anna, Annajoy, Anne, Annette, Annika, Ann-Marie, Antalia, Anthony, Antonella, Antonia, Anuradha, April, Ari, Aria, Ariella, Arya Singh, Aspen, Asta, Atlee, Audrey, Aurora, Ava, Balin, Barb, Baxter, Beatrix, Becca, Becka, Bekki, Bella, Benji, Berit, Bianca, Bill, Bonnie, Bowen, Brandel,

Brandy, Briana, Bridget, Brighid, Brinley, Caelan, Caitlyn, Caleb, Cameron, Candance, Carla, Carmen, Carol, Caroline, Carolyn, Carrie, Carter, Catherine, Catriona, Cayden, Cesca, Challon, Charles, Charlie, Charlotte, Chaya, Chloe, Christian, Christie, Christina, Christine, Christopher, Christopher II, Cindy, Claire, Cody, Cole, Colten, Connor, Cooper, Corey, Corrine, Cory, Courtney, Cyndi, Cynthia, Dalton, Dani, Daniel, Daniela, Darcie, Darwin, David, Dean, Debbie, Defne, Della, Denise, Deniz, Dominique, Donovan, Dovi, Dylan, Eddie, Édouard, Edurne, Eleanor, Elena, Eli, Eliana, Elisa, Elizabeth, Ellen, Elliot, Emerson, Emily, Emmalee, Emre, Emunah, Eoin, Eran, Erika, Erin, Ester, Esther, Ethan, Eva, Evan, Felicity, Felix, Finley, Fox, Frida, Gabi, Gabrielle, Garrett, Gasper, Gavin, Gay Lynn, Genevieve, George, Giovanni, Gloria, Grace, Graydon, Grayson, Gretchen, Hailey, Haley, Hannah, Hazel, Heather, Hoda, Holden, Hosanna, Ian, Igor, Imke, Isabelle, Ivan Luca, Jack, Jackson, Jacob, Jada, Jade, Jakob, James, James Patrick, Jameson, Jamie, Janet, Janie, Jared, Javier, Jayda, Jaylen, Jean Elizabeth, Jekaterina, Jemma, Jen, Jennifer, Jenny, Jeremy, Jessica, Jill, Joanne, Jocelyn, Jodi, Jodie, Joe, Jolene, Jonathan, Josh, Joshua, Juan, Julia, Julian, Julie, Kai, Kara, Kate, Katherine, Katie, Kayleigh, Kelly, Kenya, Kim, Kimberly, Kirsten, Klara, Kristen, Kristin, Kristina, Kristy, Krystal, Kyle, Kyleigh, Kylie, Lana, Lance, Laura, Lauren, Laurence, Lavinia, Layla, Leonie, Lilian, Lilly, Lily, Linda, Lindsay, Lindsey, Lior, Liora, Lis Ana, Lisa, Lisa Marie,

Liz, Lochlan, Logan, Lorena, Lorraine, Louise, Lucas, Luka, Luke, Lynn, Maddison, Maddy, Madeleine, Madelyn, Madison, Maeve, Maggie, Marc, Maria, Marjan, Mark, Marta, Martin, Marty, Marwan, Mary, Mary-Anne, Mason, Mati, Matthew, Mattias, Mattie, Megan, Melanie, Melissa, Meridith, Mia, Michael, Michele, Michelle, Milla, Milo, Mina, Mira, Miriam, Molly, Monique, Mordechai, Nahzeer, Nancy, Naomi, Natalie, Natasha, Nathan, Nelle, Nelly, Neve, Nicholas, Nick, Nicole, Nikki, Nina, Noah, Noemi, Oliver, Olivia, Osvald, Owen, Pamela, Patricia, Patrycja, Patti, Patty, Paul, Paula, Petra, Pierce, Pnina, Poppy, Preston, Rachel, Rebecca, Refael, Reme, Rhys, Robin, Rocío, Romi, Rosanna, Rosanne, Ryan, Sabrina, Sadhbh, Sadie, Sakina, Sam, Samantha, Samuel, Sara, Sarah, Sebastian, Şebnem, Seth, Shae, Shane, Shannon, Sharie, Sharon, Shaun, Shaunda, Shea, Shelby, Shirley, Sienna, Sofie, Soleil, Solene, Solveig, Sophia, Sophie, Stella, Stephanie, Stephen, Steven, Steven III, Steven Jr., Stien, Susan, Talie, Tamara, Tammi, Tanya, Tara, Taryn, Taylor, Tera, Thijs, Tiffany, Tim, Timothy, Tracy, Tristan, Trudy, Tyler, Vaishali, Vanesa, Vickie, Vida, Vikki, Vince, Vincent, Virginia, Wendy, Wesley, Weston, William, Wyatt, Xander, Yasmin, Yedidya, Yenny, Yolanda, Yoni, Yonina, Zachary, Zahava, Zavier, Zion, Zita, Živa, Zoe.

## Les parents du groupe Test

Pendant la rédaction de ce livre, j'ai bénéficié des idées, des retours, des questions et des délicieuses photos d'un incroyable groupe de parents testeurs. Ces deux cent quarante-six personnes, parents de trois cent cinquante-huit précieux enfants, ont partagé avec moi leurs problèmes d'anxiété de séparation familiaux et leurs succès.

Ces parents habitent un peu partout dans le monde et représentent toutes sortes de familles : jeunes, vieux, mariés, concubins, célibataires, homosexuels, hétérosexuels, grands-parents ; parfois les deux parents travaillent, parfois l'un d'eux reste à la maison ; certaines familles ont un enfant unique, certaines sont des familles nombreuses, jusqu'à cinq enfants ; certaines fratries incluent des jumeaux ou des jumelles, ou des enfants adoptés ; au sein de certains foyers, les races, les cultures varient. Les mamans et les papas testeurs, comme je les appelle avec tendresse, sont devenus mes amis pendant ce processus long et compliqué. Je pense que j'ai au moins autant appris auprès d'eux qu'eux de moi. Ils forment un groupe d'une belle diversité, comme nous pouvons le constater sur la base des listes suivantes :

***Où habitent les parents testeurs***

155 aux États-Unis d'Amérique (Alabama, Alaska, Arizona, Californie, Colorado, Connecticut, Floride,

Georgie, Illinois, Indiana, Iowa, Kansas, Kentucky, Maryland, Massachusetts, Michigan, Minnesota, Missouri, Nevada, New Hampshire, New Jersey, New York, Caroline du Nord, Dakota du Nord, Oklahoma, Oregon, Pennsylvanie, Rhode Island, Caroline du Sud, Tennessee, Texas, Utah, Vermont, Virginie, État de Washington et Wisconsin).

31 au Canada (Alberta, Colombie-Britannique, Manitoba, New Brunswick, Nouvelle-Écosse, Ontario, Québec, Saskatchewan et Yukon).

13 en Australie (Adélaïde, Albion Park, Bayswater, Canberra, Hawthorn, Jerrabomberra, Melbourne, Mitchell Park, Naremburn, Newman, Perth, Victoria et Wellington).

10 en Grande-Bretagne (en Angleterre : en Cornouailles, à Londres, dans le Norfolk, le Suffolk et le Surrey ; en Écosse : à Édimbourg ; au Pays de Galles : à Cardiff).

7 en Afrique du Sud (Le Cap, Grahamstown et Pretoria).

3 en Allemagne (Cologne, Filderstadt et Munich).

2 en Belgique (Lummen et Vosselaar).

2 en Israël (Jérusalem et Nof Ayalon).

2 aux Pays-Bas (Urmond et Valkenswaard).

2 en Nouvelle-Zélande (Côte des Hibiscus).

2 en Slovénie (Notranje Gorice).

2 en Espagne (Palma de Majorque et Valence).

2 en Suède (Karlshamn et Olofström).

2 en Turquie (Istanbul).

1 en Argentine (Buenos Aires).
1 au Brésil (Rio de Janeiro).
1 en Croatie (Bale).
1 à Chypres (Limassol).
1 en Égypte (Le Caire).
1 en France (Aigrefeuille-sur-Maine).
1 en Italie (Pergine).
1 en Norvège (Oswald).
1 aux Philippines (Mandaluyong).
1 au Portugal (Estoril).
1 à Singapour.

***Les enfants***

176 filles
182 garçons
8 couples de jumeaux
71 bébés (de la naissance à douze mois)
169 tout-petits (douze mois à trois ans)
82 enfants d'âge scolaire (trois à six ans)

**Dans la même collection**

Elizabeth Crary, *Arrête d'embêter ton frère, laisse ta sœur tranquille*, 2012.

Jan Faull, *C'est moi qui décide !*, 2012.

Lawrence Cohen, *Qui veut jouer avec moi ?*, 2013.

Dr Leonard Sax, *Pourquoi les garçons perdent pied et les filles se mettent en danger*, 2014.

*Photocomposition PCA*

*Cet ouvrage a été imprimé en France*
*par CPI Bussière*
*à Saint-Amand-Montrond (Cher)*
*pour le compte des Éditions Lattès*
*en septembre 2014*

N° d'édition : 02. – N° d'impression :2011856
Dépôt légal : septembre 2014